Tom Becker

Wie Interkulturelle Waldorfschulen die Toleranz fördern

Migrantenmilieus als Herausforderung für die Waldorfpädagogik

Bibliografische Information der Deutschen Nationalbibliothek:

Die Deutsche Nationalbibliothek verzeichnet diese Publikation in der Deutschen Nationalbibliografie; detaillierte bibliografische Daten sind im Internet über http://dnb.d-nb.de abrufbar.

Impressum:

Copyright © Social Plus 2020

Ein Imprint der GRIN Publishing GmbH, München

Druck und Bindung: Books on Demand GmbH, Norderstedt, Germany

Covergestaltung: GRIN Publishing GmbH

Inhaltsverzeichnis

Abbildungsverzeichnis V

Tabellenverzeichnis VI

1 Einleitung 1

2 Die Freien Waldorfschulen und ihre Gründung 3

2.1 Gründungsgeschichte und Gründungsimpuls der Freien Waldorfschulen 3

2.2 Soziale Herkunft der Waldorfschüler*innen und der Waldorfelternschaft in den Gründungsjahren 4

3 Die Waldorfelternschaft heute 6

3.1 Die soziale Herkunft der Waldorfeltern und -kinder 7

3.2 Waldorfeltern und -kinder mit Migrationshintergrund 9

3.3 Abschließende Bewertung 11

4 Die Theorie der „kulturellen Passung" 12

4.1 Ursprünge der „kulturellen Passung" bei Bourdieu und Passeron – Vom primären und sekundären Habitus 13

4.2 Ausdifferenzierung der „kulturellen Passung" bei Kramer und Helsper 15

5 Der sekundäre Schülerhabitus an Waldorfschulen 20

5.1 Stellung der Klassengemeinschaft und Stellung der Schüler*innen 20

5.2 Was bedingt die Passung oder Abstoßung? Zentrale Eigenschaften 21

5.3 Familiäre Lebenswelt 22

5.4 Umgang mit Leistungsansprüchen 22

5.5 Gemeinsame Weltzugänge und Interessenlagen 23

5.6 Subkulturen und Individualisierungsansprüche 23

5.7 Zusammenfassung 24

6 Migrantenmilieus in Deutschland und deren Passung zur Waldorfschule 26

6.1 Die traditionsverwurzelten Migrantenmilieus 27

6.2 Die bürgerlichen Migrantenmilieus 29

6.3 Die ambitionierten Migrantenmilieus 31

6.4 Die prekären Migrantenmilieus 32

6.5 Zusammenfassung der Ergebnisse 34

7 Die Interkulturelle Waldorfschule Mannheim **36**

8 Exploration an der Interkulturellen Waldorfschule Mannheim: Vorstellung der Forschungs- und Auswertungsmethode **38**

8.1 Die Fragestellung der Analyse 38

8.2 Forschungsfeld 38

8.3 Forschungsmethode: Das Experteninterview 39

8.4 Bestimmung des vorliegenden Ausgangsmaterials 40

8.5 Qualitative Inhaltsanalyse in Anlehnung an Philipp Mayring 41

9 Darstellung und Interpretation der Forschungsergebnisse **42**

9.1 Kategorie „Selbstpositionierung in der Waldorfbewegung" 44

9.2 Kategorie „Zentrale Elemente des Schülerhabitus" 46

9.3 Kategorie „Bedingungen und Grenzen der Passung" 49

9.4 Kategorie „Maßnahmen zur Erreichung der Migrantenmilieus" 52

9.5 Zusammenfassung der Forschungsergebnisse 54

10 Fazit und Forschungsausblick **55**

Literaturverzeichnis **57**

Abbildungsverzeichnis

Abbildung 1: Waldorfeltern und deutsche Bevölkerung im Alter von 15 Jahren und mehr
– Hochschulabschlüsse im Vergleich 8

Abbildung 2: Anteil der ausländischen Schüler*innen an Waldorfschulen und an allen
deutschen Schulen insgesamt im Jahr 2017 10

Tabellenverzeichnis

Tabelle 1: Kategorien der qualitativen Inhaltsanalyse samt Definitionen und Ankerbeispielen 43

1 Einleitung

Die Freien Waldorfschulen sind seit einem Jahrhundert wahrlich ein Erfolgsmodell. Neben der Montessori-Pädagogik kann die Waldorfpädagogik inzwischen als die erfolgreichste reformpädagogische Bewegung bezeichnet werden (vgl. Ullrich 2015a, S. 7). Waldorfschulen, die erste im Jahre 1919 unter der Leitung von Rudolf Steiner eröffnet, sind heute auf allen fünf Kontinenten der Welt vertreten: Im Jahre 2019 existieren fast 1.200 Waldorfschulen – Tendenz steigend (vgl. Freunde der Erziehungskunst Rudolf Steiners 2019, S. 6). Mit diesem weltweiten Erfolg verbinden sich jedoch auch vielfältige Herausforderungen, welche von der Waldorfschule als eine im öffentlichen Fokus stehende Bildungsinstitution bewältigt werden müssen. Dabei stellt der Umgang mit einer durch Migrationsbewegungen und Globalisierungsprozesse immer heterogener werdenden Gesellschaft eine in hohem Maße herausfordernde Gestaltungsaufgabe dar, welche an den deutschen Waldorfschulen bislang weitgehend unbemerkt geblieben ist (vgl. Adam / Schmelzer 2019b, S. 7). Grundsätzlich besteht bis heute ein zentrales Problem darin, dass Kinder und Jugendliche mit Migrationshintergrund im deutschen Bildungswesen benachteiligt und ihnen nicht dieselben Chancen wie Kindern und Jugendlichen mit deutscher Herkunft eingeräumt werden. Diese Form der „institutionellen Diskriminierung" (Gomolla 2015, S. 193) ist in der Vergangenheit immer wieder empirisch dokumentiert worden. Es zeigt sich demnach eine schwierige Ausgangslage, die in den kommenden Jahren bei wachsender Bevölkerung mit Migrationshintergrund weiter Bestand haben wird. Vor diesem Hintergrund wurde in Mannheim im Jahre 2003 die erste Interkulturelle Waldorfschule gegründet, welche dezidiert das Ziel verfolgt, eine kulturell heterogene Schülerschaft mit hohem Migrantenanteil aus allen sozialen Schichten zu beherbergen (vgl. Schmelzer 2016, S. 891). Dieser Vorsatz stellt im Feld der Waldorfschulen insofern eine Besonderheit dar, als dass gerade ihre Schüler*innen meist aus gut situierten, bürgerlichen Elternhäusern stammen. Dagegen sind Waldorfschüler*innen aus sozial schwachen Familien und / oder mit Migrationshintergrund eine Seltenheit (vgl. Ullrich 2015a, S. 151). Diese Ausgangslage wirft mehrere Fragen auf. Erstens, wie es erklärt werden kann, dass es der Interkulturellen Waldorfschule in Mannheim gelingt, eine Schüler- und damit eine Elternschaft zu erreichen, die mehrheitlich aus Migrantenmilieus[1] stammt und daher in vielerlei Hinsicht von der Schüler- und Elternschaft anderer Waldorfschulen abweicht bzw. an Waldorfschulen nicht zu erwarten wäre. Zweitens ist es folglich relevant zu hinterfragen, ob es der Interkulturellen Waldorfschule wirklich gelingt, *alle* sozialen Schichten und damit *alle* Migrantenmilieus zu erreichen. Nach einem kurzen Exkurs zur Gründung der ersten Waldorfschule gehe ich zu Beginn auf die Zusammensetzung der Waldorfelternschaft und ihre soziale und kulturelle Herkunft zur Zeit des Gründungsimpulses (2) und im Vergleich dazu in der heutigen Zeit (3) ein. Anschließend erläutere ich die Theorie der „kulturellen Passung" nach Kramer und Helsper sowie ihre theoretischen Ursprünge bei Bourdieu und Passeron (4). Danach umreiße ich wesentliche Merkmale eines sekundären Schülerhabitus an Waldorfschulen (5), um nachfolgend theoretisch begründet darlegen zu können, warum eine kulturelle Passung zwischen der Waldorfschule und den in Deutschland beheimateten Migrantenmilieus nur schwer möglich erscheint (6). Darauffolgend stelle ich in aller Kürze die Interkulturelle Waldorfschule in Mannheim vor (7). Um Antworten auf die oben gestellten Forschungsfragen näher zu kommen, schließt sich der empirische Teil der Arbeit an (8): Die empirischen Daten, welche in einem Experteninterview mit einem Funktionsträger der Interkulturellen Waldorfschule Mannheim erhoben worden sind, werden qualitativ ausgewertet, dargestellt und im Hinblick auf die Forschungsfragen interpretiert und diskutiert (9). Abschließend runden ein Fazit und ein Forschungsausblick die Arbeit ab (10).

---

[1] Der Begriff Migrantenmilieu ist ein fachterminologischer Ausdruck, welcher eine strukturelle Beschreibung der Milieus liefern soll, in welchen selbstverständlich alle Menschen mit Migrationshintergrund, sowohl des weiblichen und männlichen als auch diversen Geschlechts, angesprochen werden. Da dieser Begriff struktureller Natur ist, wird er im Folgenden nicht gegendert.

2 Die Freien Waldorfschulen und ihre Gründung

Zu Anfang eher ein Randphänomen auf reformpädagogischem Terrain und während des dritten Reichs verboten, verbreiteten sich die Freien Waldorfschulen – angestoßen auch durch das gesellschaftliche Klima infolge der „68er-Bewegung" – in den Folgejahren rasant und avancierten „vom Außenseiter zum Anführer der Reformpädagogischen Internationale" (Ullrich 2002, S. 142). Die Waldorfschulen stechen im deutschen Privatschulwesen mit einer speziellen pädagogischen Ausrichtung und einer besonderen anthroposophischen Schulkultur heraus. Meist in der privaten Trägerschaft eines Schulvereins und geleitet von gleichberechtigten Kollegen, handelt es sich bei Waldorfschulen um *„koedukative Gesamtschulen"* (Ullrich 2012, S. 62, Hervorh. im Orig.). Demnach lernen Schüler*innen durchgehend vom ersten bis zum zwölften Schuljahr in einem gemeinsamen und leistungsheterogenen Klassenverband, ohne dass ihre Leistungen mit Zensuren bewertet werden oder eine Versetzung ins nächste Schuljahr erreicht werden muss. Sowohl die Inhalte des Lehrplans als auch der Unterrichtsaufbau sollen an der individuellen Entwicklung der Schüler*innen ausgerichtet sein. Der oder die Klassenlehrer*in begleitet die Schüler*innen durch die ersten acht Schuljahre und steht als die Identifikationsfigur in besonderer „personaler Nähe" (Ullrich 2015a, S. 39) zu den Schüler*innen.[2]

2.1 Gründungsgeschichte und Gründungsimpuls der Freien Waldorfschulen

Die erste Waldorfschule wurde im Jahre 1919 gegründet. Der Stuttgarter Unternehmer Emil Molt war Initiator und Gönner dieser Schulgründung. Er führte die Waldorf-Astoria-Zigarrenfabrik in Stuttgart. Molt galt als Unternehmer, dem die soziale Sicherheit sowie kulturelle Bildung seiner Angestellten am Herzen lag (vgl. Frielingsdorf 2019, S. 45). Die konkrete Idee zur Gründung einer an den Betrieb angegliederten Schule kam Molt, nachdem ihm bewusst wurde, dass es in der damaligen Zeit schwer bis unmöglich für Kinder aus der Arbeiterschicht war, eine höhere Schule zu besuchen und damit den Zugang zu besserer Allgemeinbildung zu erhalten. Molt hatte folglich im Sinn, eine Schule für die Kinder der Fabrikarbeiter*innen zu gründen, welche diesen den sozialen Aufstieg unabhängig

---

2 Weiterführendes zur pädagogischen Konzeption und zur anthroposophischen Schulkultur vgl. Ullrich 2012.

vom elterlichen Vermögen ermöglichte (vgl. ebd., S. 46). Daneben war ein Ziel, das mit der Schulgründung verfolgt wurde, die Vermittlung einer „Gesinnung des Friedens und eine[r] Wertschätzung anderer Kulturen" (Leber 2011, S. 38). Interkulturalität sowie die Friedfertigkeit gegenüber anderen Menschen gehörten demnach ebenso zum angestrebten schulkukturellen Profil wie der von materiellen Verhältnissen unabhängige Zugang zu exzellenter Bildung für alle Schichten. Zur Zeit der Deutschen Revolution 1918 / 1919 war die Reformpädagogik mit dem Ideal einer am Kind und an ganzheitlicher Bildung orientierten Schule generell auf dem Vormarsch (vgl. Ullrich 2011, S. 82). Die zentralen Forderungen der Reformer waren die Einheitsschule für alle Kinder sowie das gemeinsame Unterrichten beider Geschlechter (vgl. ebd., S. 83). Das Bestreben zur Gründungszeit war es demnach auch immer, eine Einheitsschule für alle Schichten zu installieren. Auch Steiner selbst sah diese Notwendigkeit und zeichnete die Schule der Zukunft als eine, die „allen Kindern gleichermaßen offen steht" (Frielingsdorf 2019, S. 55). Die revolutionäre Stimmung des Neuanfangs nach dem Ende des Ersten Weltkriegs sollte einen Nährboden bilden, auf welchem Steiner seine Vision, wie Erziehung im Rahmen der Dreigliederungsbewegung[3] aussehen solle, in die Praxis umsetzen konnte (vgl. Ullrich 2003, S. 68). Im Sommer des Jahres 1919 wurde schlussendlich die erste Freie Waldorfschule in Stuttgart eröffnet und Emil Molt beauftragte Rudolf Steiner mit der Planung und Leitung dieser koedukativen Einheitsschule (vgl. Ullrich 2011, S. 82).

2.2 Soziale Herkunft der Waldorfschüler*innen und der Waldorfelternschaft in den Gründungsjahren

Bei Schulbeginn am 18. September 1919 wurden an der Waldorfschule in Stuttgart-Uhlandshöhe 256 Jungen und Mädchen in acht Klassen unterrichtet. Von diesen kamen 191 Kinder aus den Arbeiterfamilien der Waldorf-Astoria-Zigarrenfabrik. Mit 65 Kindern kam eine deutliche Minderheit von außerhalb (vgl. Esterl 2006, S. 70), und zwar aus „gut situierten anthroposophischen Elternhäusern" (Ullrich 2011, S. 85). Das zeigt sich auch an der schulischen Herkunft der Schüler*innen. Nur 64 Kinder kamen aus Höheren Schulen an die Waldorfschule. Dagegen kamen 161 Kinder aus Volksschulen und 50 Kinder aus Mittelschulen

---

3 Weiterführendes zur Dreigliederungsbewegung und zum gesellschaftspolitischen Zusammenhang vgl. Kugler 1978, S. 190 ff.

(vgl. Esterl 2006, S. 70), woran sich der Überhang an Schüler*innen aus sozial schwächer gestellten Familien ablesen lässt. Schon im folgenden Jahr wurde zwar die Zahl der Kinder, die nicht mehr direkt aus der Belegschaft der Waldorf-Astoria-Fabrik abstammten, größer. Aber auch diese kamen meist keineswegs aus finanzstarken Elternhäusern, sodass das Bestreben bei Schulgründung, den Kindern aus schlechter gestellten Familien den Zugang zu höherer Allgemeinbildung zu ermöglichen, in den Anfangsjahren als erfolgreich gelten kann (vgl. Leber 2011, S. 40). Dieses Bild kehrte sich jedoch in den nachfolgenden Jahren schnell um. Da die Waldorfschule zentrale Anliegen der damaligen Arbeiterbewegung – koedukativer Unterricht, einheitliches Gesamtschulwesen, Aufhebung der Konfessionsgebundenheit – mit Nachdruck und Stringenz umsetzte, erfreute sie sich schnell zunehmender Beliebtheit (vgl. Frielingsdorf 2019, S. 66). Zügig sprach die Schule neben der Arbeiterschaft auch bildungsbürgerliche Schichten an, welche „für die Zukunft der Waldorfschulbewegung zunehmend wichtig wurden" (ebd., S. 67). Aus ganz Deutschland und aus allen Bevölkerungsschichten, sogar aus dem Ausland, signalisierten Eltern ihr Interesse daran, ihre Kinder an der Waldorfschule anzumelden (vgl. ebd., S. 65). Die soziale Durchmischung an der Waldorfschule wurde demnach größer. Der Grund hierfür lag jedoch nicht darin, dass die Verantwortlichen der Waldorfschule keine Arbeiterkinder mehr ansprechen wollten, sondern vielmehr am Konzept der Schule. Ihr einzigartiger „Gesamtschulcharakter" (ebd., S. 65) sorgte, gerade auch mit dem Aufbau einer Oberstufe, für einen schnellen Sympathiezuwachs in den 1920er-Jahren. Schlussendlich ist festzuhalten, dass die Waldorfschulen ursprünglich viele Schüler*innen aus bildungsfernen Schichten beheimaten wollten. Eine Erziehung zum Verständnis und zum Respekt gegenüber fremden Kulturen war ebenso wichtig wie der Wille, gerade sozial schwachen Kindern den Zugang zur Allgemeinbildung zu ermöglichen. Dies gelang in den Anfangsjahren noch sehr gut, schnell wurde das Waldorfschulwesen jedoch auch für Elternhäuser aus bildungsnahen Schichten interessant.

3 Die Waldorfelternschaft heute

Der Anspruch der Waldorfschule bei ihrer Gründung, eine Einheitsschule für alle Kinder der damals sozial Bedürftigen zu sein, zielte zu dieser Zeit vorrangig auf die oft verarmte und sozial schlecht gestellte Arbeiterschicht ab. Will die Waldorfschule ihre Ursprungsziele heutzutage umsetzen, so müsste es ihr Anspruch sein, die sozial Schwachen der heutigen Gesellschaft zu erreichen und ihnen den Bildungszugang sowie eine erfolgreiche Bildungskarriere zu ermöglichen. Ein Teil dieser weniger privilegierten Gruppe sind Menschen mit Migrationshintergrund. Schon der Blick auf die gegenwärtige Situation im Bildungswesen genügt zur Verdeutlichung. Der aktuelle Bildungsbericht aus dem Jahr 2018 weist zwar darauf hin, dass in den vergangenen Jahren „migrationsbezogene Disparitäten" (Autorengruppe Bildungsberichterstattung 2018, S. 20) leicht ruckläufig sind, konstatiert aber nichtsdestotrotz, dass der Bildungserfolg nach wie vor stark in Zusammenhang mit dem Migrationshintergrund steht. So bleiben unter den 30 – 35-Jährigen mit Migrationshintergrund mit über 30% dreimal so viele ohne beruflichen Bildungsabschluss wie bei der gleichaltrigen Bevölkerung ohne Migrationshintergrund. Bei den Schulabschlüssen zeigt sich ein ähnliches Bild. Im Alter zwischen 30 und 35 Jahren haben Personen ohne Migrationshintergrund beinahe alle einen Schulabschluss, während 10 % der Bevölkerung mit Migrationshintergrund keinen allgemeinbildenden Schulabschluss vorweisen kann (vgl. ebd., S. 55). Somit scheint es nur logisch, dass es die Waldorfschulen – gerade vor dem Hintergrund ihrer eigenen Gründungsziele – anstreben müssen, ihren Teil zur Behebung der Bildungsbenachteiligung von Migrant*innen zu leisten. Der folgende Forschungsstand, der die soziale und kulturelle Herkunft der Waldorfelternschaft (und damit auch der Schüler*innen, die mit den Eltern aus dem jeweiligen Milieu stammen) betrachtet, soll nun der Frage nachgehen, ob Waldorfschulen diesem Ziel entsprechen: Woher kommen die Waldorfeltern der heute an Waldorfschulen ansässigen Schülerschaft? Ist die Waldorfschule heute noch eine Schule für alle sozialen Schichten? Werden an Waldorfschulen Kinder und Jugendliche mit Migrationshintergrund – als eine von Bildungsungleichheit betroffene Gruppe – unterrichtet? Die Erforschung der Waldorfelternschaft steckte lange Jahre nach dem zweiten Weltkrieg noch in den Kinderschuhen (vgl. Ullrich 2015a, S. 168) sowie in der Waldorfgeschichte prinzipiell in allen Themenbereichen lange eine „Empirieabstinenz" (Randoll 2010, S. 127) zu beklagen war. Inzwischen ist es jedoch möglich, die oben gestellten Fragen empirisch zu beantworten.

3.1 Die soziale Herkunft der Waldorfeltern und -kinder

Rückschlüsse auf die soziale Herkunft der Eltern und damit auch ihrer Kinder erlauben uns hauptsächlich die erhobenen Daten aus der großen Absolvent*innenstudie von Barz und Randoll (2007a), deren Befunde mit der ersten offiziellen Eltern-Studie von Koolmann, Petersen und Ehrler (2018) erhärtet werden können.

Die Absolvent*innenstudie von Barz / Randoll (2007a) hatte das Ziel, zu untersuchen, wie sich ein Waldorfschulbesuch auf die ehemaligen Schüler*innen auf verschiedenen Ebenen auswirkt (vgl. Barz / Randoll 2007b, S. 13). Dafür wurden 1.124 Waldorfschüler*innen mit einem Fragebogen befragt. Die Befragten kamen aus drei Alterskohorten (vgl. Randoll 2007, S. 34 ff.). Diese Studie gibt u.a. Einblicke in das soziale Klientel, das die Waldorfschule beheimatet. Inspiziert man die beruflichen Abschlüsse der Eltern, ist zu erkennen, dass die ehemaligen Waldorfschüler*innen fast ausschließlich aus der gehobenen Mittelschicht stammen, früher auch „Bildungsbürgertum" genannt. Ein Blick auf den Akademiker*innenanteil lässt dies überdeutlich werden. Mehr als 42 % der befragten Väter haben einen universitären Hochschulabschluss, außerdem immerhin 16,6 % der Mütter; bei beiden Gruppen mit steigender Tendenz in den jüngeren Alterskohorten (vgl. Randoll 2007, S. 40). Vor allem bei Frauen in jüngeren Jahren steigt die Zahl der Studienabschlüsse stark an. Bei den Vätern hatten darüber hinaus nur weniger als 2 % keinen Berufsabschluss, bei den Müttern ca. 11 % (wobei diese vergleichsweise hohe Zahl beinahe ausschließlich durch die vielen Frauen ohne Abschluss in der ältesten Kohorte zustande kommt; in der jüngsten Kohorte haben nur knapp 6 % der Mütter keinen Berufsabschluss) (vgl. Randoll 2007, S. 40). Insgesamt kommt Randoll (2007, S. 40) bereits hier zu dem Ergebnis, dass die ehemaligen Waldorfschüler*innen aus Elternhäusern mit hoher Bildungsqualifikation kommen. Daraus ergibt sich im Umkehrschluss, dass Schüler*innen, deren Eltern aus sozial schwächeren Schichten stammten, in den Waldorfschulen unterrepräsentiert sind. Dafür spricht auch, dass die hoch akademisierten Berufsgruppen der Lehrer*innen, der Unternehmer*innen und der Ingenieur*innen zusammen über 40 % unter den ehemaligen Waldorfschüler*innen ausmachen (vgl. Bonhoeffer / Brater / Hemmer-Schanze 2007, S. 74). Diese Ergebnisse lassen sich durch die Studie „Waldorf-Eltern in Deutschland" von Koolmann, Petersen und Ehrler (2018) bestätigen und teilweise verstärken. Diese Studie ist – im Unterschied zu den erschienenen Lehrer*innen-, Schüler*innen- und Absolvent*innenstudien – die erste groß angelegte Eltern-Umfrage, welche vom Bund der Freien Waldorfschulen selbst beauftragt wurde (vgl. Koolmann / Ehrler 2018, S. 17). In dieser repräsentativen Erhebung wurden 7000 Eltern aus 117 Waldorfschulen u.a. zu ihren sozioökonomischen Lebensverhältnissen (vgl. ebd., S. 17) befragt. Im Rahmen dieser Erhebung gaben 42 % der Eltern an, einen Studienabschluss zu haben, davon 61 % der Väter und 48 % der Mütter (vgl. Koolmann 2018, S. 54). Demnach ist in der jüngeren Vergangenheit der Gesamtanteil der Akademiker*innen unter den Waldorfeltern noch weiter gestiegen. Bei den Vätern steigt die Zahl weiter an. Die Anzahl der akademischen Abschlüsse bei den Müttern hat sich sogar mehr als verdoppelt. Außerdem gibt mehr als jedes zehnte Waldorfelternteil als höchsten Studienabschluss eine Promotion an. Bei den Eltern ohne Berufsabschluss ist die Zahl im Vergleich zur Absolvent*innenstudie gar rückläufig. Nur noch 4 % der Eltern haben keine abgeschlossene berufliche Ausbildung (vgl. ebd., S. 54). Diese hohe Zahl an Akademiker*innen unter den Waldorfeltern wird noch eindrücklicher, wenn man sie in Bezug zu allen Bundesbürger*innen mit Hochschulabschluss setzt.

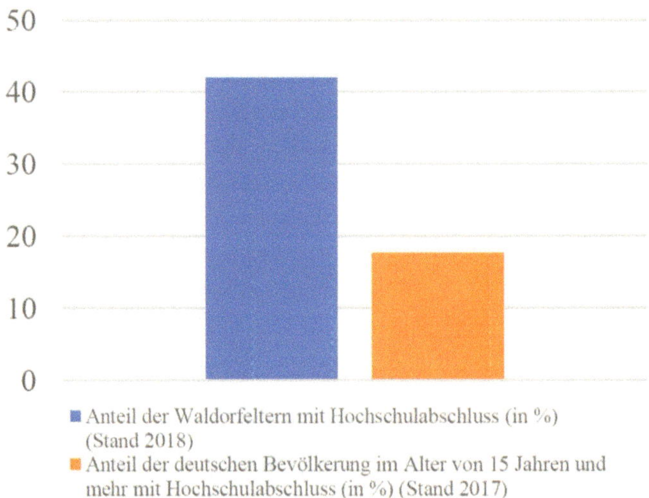

Abbildung 1: Waldorfeltern und deutsche Bevölkerung im Alter von 15 Jahren und mehr – Hochschulabschlüsse im Vergleich

Quelle: Eigene grafische Darstellung. Verwendete empirische Daten: Kategorie 1 „Anteil der Waldorfeltern mit Hochschulabschluss" vgl. Koolmann 2018, S. 54; Kategorie 2 „Anteil der deutschen Gesamtbevölkerung mit Hochschulabschluss" vgl. Statistisches Bundesamt (URL: https://www.destatis.de/DE/Themen/Gesellschaft-Umwelt/Bildung-Forschung-Kultur/Bildungsstand/Tabellen/bildungsabschluss.html (29. Juni 2019)).

Wenn man den Anteil der Waldorfeltern mit Hochschulabschluss mit der deutschen Gesamtbevölkerung vergleicht, fällt eine erhebliche Diskrepanz auf. In der deutschen Bevölkerung im Alter von 15 Jahren und mehr besitzen nach Angaben des Statistischen Bundesamtes nur 17,6 % einen Hochschulabschluss (s. Abbildung 1). Somit ist in der Waldorfelternschaft der Anteil der Akademiker*innen in Bezug auf den bundesdeutschen Durchschnitt mehr als doppelt so hoch.

3.2 Waldorfeltern und -kinder mit Migrationshintergrund

Daran anschließend soll empirisch überprüft werden, ob Familien mit Migrationshintergrund an den Waldorfschulen zu finden sind. Randoll (2010, S. 130) weist unter Bezugnahme auf eine Studie zur Gewalttätigkeit bei deutschen und nicht-deutschen Jugendlichen darauf hin, dass eine Auffälligkeit der Waldorfschülerschaft in dem nur sehr geringen Anteil von Kindern und Jugendlichen mit Migrationshintergrund besteht. Genauso stellen Liebenwein, Barz und Randoll (2012, S. 10) in ihrer Studie zu Bildungserfahrungen an Waldorfschulen im Hinblick auf die im Vergleich zu Regelschulen sehr differente Schülerpopulation fest, dass Kinder und Jugendliche mit Migrationshintergrund „deutlich unterrepräsentiert" sind. Auch die Eltern-Studie von Koolmann, Petersen und Ehrler (2018) kommt zu diesem Ergebnis. Koolmann (2018, S. 50) rechnet hoch, dass ca. 95 % der Waldorf-Eltern eine deutsche Staatsbürgerschaft besitzen, nur 2,6 % der Eltern haben mehrere, meistens genau zwei. Daraus lässt sich erst nach einer Präzisierung des Begriffs „Migrationshintergrund" sinnvoll etwas ableiten. Nach der Definition des Statistischen Bundesamt hat eine Person „einen Migrationshintergrund, wenn sie selbst oder mindestens ein Elternteil die deutsche Staatsangehörigkeit nicht durch Geburt besitzt" (Statistisches Bundesamt 2018a, S. 4). Daraus leitet sich ab, dass die genannten 2,6 %, die mehr Staatsbürgerschaften als die deutsche besitzen, als Personen mit Migrationshintergrund einzustufen sind, die überwiegende Mehrheit dagegen ohne. Auch dieser Sachverhalt weist einen großen Unterschied zur amtlichen Statistik auf. Hiernach hat knapp ein Drittel aller in Deutschland lebenden unter 18-Jährigen mindestens ein Elternteil mit Migrationshintergrund (vgl. Koolmann 2018, S. 50). Das Statistische Bundesamt stellte fest, dass im Jahr 2017 in allen deutschen Waldorfschulen nur 2,8 % ausländische[4] Schüler*innen

---

4   Die Bezeichnung „ausländisch" ist nach Angaben des Statistischen Bundesamtes für diesen Zweck mit der Angabe „mit Migrationshintergrund" analog zu benutzen.

unterrichtet wurden. Dabei ist erwähnenswert, dass die erhobene Zahl des Jahres 2017 einen Hochpunkt markiert. Oftmals sank die Zahl der Schüler*innen mit Migrationshintergrund an Waldorfschulen unter die 2 %-Marke (vgl. Statistisches Bundesamt 2018b, S. 258).

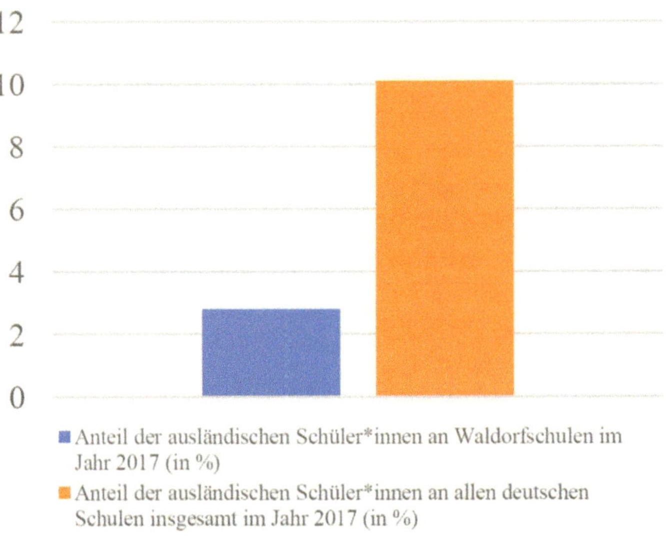

Abbildung 2: Anteil der ausländischen Schüler*innen an Waldorfschulen und an allen deutschen Schulen insgesamt im Jahr 2017
Quelle: Eigene grafische Darstellung. Verwendete empirische Daten: Statistisches Bundesamt 2018b, S. 258.

Auch hierbei ist ein Vergleich mit dem bundesdeutschen Durchschnitt erhellend (s. Abbildung 2). Im Durchschnitt werden an allen deutschen Schulen insgesamt 10,1 % Schüler*innen mit Migrationshintergrund unterrichtet. Damit gehen in Deutschland fast viermal weniger Schüler*innen mit Migrationshintergrund an Freien Waldorfschulen zur Schule als an deutschen Schulen insgesamt. Vor dem Hintergrund der obigen Ergebnisse zur sozialen Herkunft der Waldorfeltern und -kinder liegt darüber hinaus der Schluss nahe, dass die wenigen Kinder mit Migrationshintergrund, die den Weg an eine Waldorfschule finden, tendenziell aus gehobenen und sozial privilegierten Milieus stammen, wie die überwiegende Mehrzahl aller Kinder an Waldorfschulen.

3.3 Abschließende Bewertung

Zusammenfassend kann festgehalten werden, dass sich „der soziale Status zwischen Waldorf-Eltern und den Eltern von Schulkindern im Bundesdurchschnitt [...] in Bezug auf Ausbildung und Migrationshintergrund zum Teil erheblich [unterscheidet]" (Koolmann 2018, S. 62). Das ursprüngliche Ziel, Kinder aller sozialer Schichten an den Waldorfschulen zu unterrichten und damit jegliche Klassenunterschiede zu überwinden, ist damit in der Gegenwart deutlich gescheitert. Waldorfschulen sind heute – schlussendlich ganz im Gegensatz zu ihren Ursprüngen – Schulen, die mehrheitlich ein bildungsnahes, akademisch geprägtes und sozioökonomisch privilegiertes Elternmilieu ansprechen und deren Kinder als Schüler*innen beheimaten. Außerdem gehen im Vergleich zum Bundesdurchschnitt deutlich weniger Kinder und Jugendliche mit Migrationshintergrund auf Waldorfschulen. Auch unter Waldorfpädagogen wird diese Entwicklung weg von ihren Gründungsidealen zunehmend mit Unmut betrachtet, wenn z. B. Schneider (2006, S. 114) eine von mehreren „schwerwiegende[n] Fehlentwicklungen" darin sieht, dass „sich die Waldorfschule als ‚patentgeschütztes' Alternativgymnasium behauptet, mit einer entsprechend bildungs-privilegierten Elternschaft". Diese „Schieflage" (Adam / Schmelzer 2019b, S. 7) zwischen den ursprünglichen Schulzielen und der gegenwärtigen Situation wird auch in der aktuellen Forschung – zunehmend im Hinblick auf Interkulturalität und die Integration von Migrantenkindern – zum Gegenstand gemacht.[5] Mit Bonhoeffer, Brater und Hemmer-Schanze (2007, S. 90) kann unterstrichen werden: „Die Waldorfschule war und ist keine Schule für alle Schichten, sondern im Kern eine Schule des Bildungsbürgertums, die wiederum Angehörige des Bildungsbürgertums heranbildet."

---

[5] Vgl. weiterführend den Sammelband von Adam / Schmelzer 2019a.

4 Die Theorie der „kulturellen Passung"

Für die Lage der Waldorfschulen werden in der Forschung verschiedene Gründe ausfindig gemacht. Es wird häufig auf den bewussten pädagogischen Entschluss verwiesen, der auf Elternseite nötig ist, um seine Kinder an einer freien Schule anzumelden sowie auf die geografische Lage vieler Waldorfschulen in gut situierten Stadtvierteln (vgl. Adam / Schmelzer 2019b, S. 7; Schmelzer 2016, S. 891). Dem Schulgeld, das Waldorfschulen aufgrund ausbleibender staatlicher Zuschüsse verlangen müssen, scheint hierbei eine besonders große Rolle zuzukommen, wird es doch regelmäßig als Hauptgrund für die geringe Zahl an Kindern mit Migrationshintergrund an Waldorfschulen ins Feld geführt (vgl. Brater / Hemmer-Schanze / Schmelzer 2009, S. 47; Adam / Schmelzer 2019b, S. 7; Schmelzer 2016, S. 891). Argumentiert wird, dass Eltern, die aus sozial schwächer gestellten Migrantenmilieus kommen, dieses Schulgeld nicht bezahlen können und es schlichtweg daher rührt, dass ihre Kinder nicht an die Waldorfschule gehen. Die aufgeführten Gründe scheinen plausibel und treffen sicherlich als eine Begründung für die Absenz von Familien und Kindern mit Migrationshintergrund zu. Jedoch kann sich in dieser Arbeit mit diesem Erklärungsstand nicht zufriedengegeben werden. Der Anspruch ist es daher, eine theoretisch fundierte Argumentation aufzubauen, mit welcher nachvollziehbar und schlüssig dargelegt werden kann, aus welchem Grund nur eine geringe Anzahl an Familien mit Migrationshintergrund[6] ihre Kinder an eine Waldorfschule schicken. Hierzu wird im Anschluss der theoretische Ansatz der „kulturellen Passung" vorgestellt. Nach einem Überblick über die Ursprünge dieses Ansatzes bei Bourdieu und Passeron werde ich anschließend die Ausdifferenzierung der Theorie, welche – neben anderen – hauptsächlich auf Kramer und Helsper zurückgeht und für die weitere Vorgehensweise von großer Relevanz sein wird, darlegen.

---

[6] In diesem Kontext werden zwar einerseits Familien mit Migrationshintergrund, die aus sozioökonomisch schlechter gestellten Schichten kommen, im Rahmen der generellen Zusammensetzung der Waldorf-Elternschaft fokussiert. Andererseits sollen hierbei auch Migrant*innenfamilien aus privilegierten Schichten betrachtet werden; denn auch diese sind an Waldorfschulen unterrepräsentiert (s. Abbildung 2).

4.1 Ursprünge der „kulturellen Passung" bei Bourdieu und Passeron – Vom primären und sekundären Habitus

Pierre Bourdieu hat mit seinen Arbeiten und nicht zuletzt am meisten mit seinem sowohl hoch gelobten als auch harsch kritisierten Konzept des „Habitus" für eine anhaltende Diskussion in den Sozialwissenschaften gesorgt. Ein besonders bedeutendes Feld, in welchem Bourdieus Habituskonzept immer wieder aufgegriffen und für verschiedenste Theoretisierungen verwendet wurde, ist das Bildungssystem und damit konkret die Schule (vgl. Kramer 2014, S. 183).[7] Eine dezidierte Einführung in das Habituskonzept und seine Begrifflichkeit ist an dieser Stelle zu entbehren.[8] Eingegangen werden muss jedoch auf die bereits in frühen Jahren von Bourdieu gemeinsam mit Passeron vorgenommene Spezialisierung bzw. Entwicklung des Habituskonzepts in einen primären und einen sekundären Habitus und der Idee einer bestehenden „kulturellen Passung" zwischen beiden (vgl. Bourdieu / Passeron 1971, 1973).

Bourdieu beschäftigte sich zeitlebens in seinen Studien mit dem Thema der Bildungsungleichheit und deren Zustandekommen. Am Anfang der Überlegungen steht die Beschreibung, dass jede Art der pädagogischen Arbeit eine „symbolische Gewalt" darstellt, „insofern sie mittels einer willkürlichen Gewalt eine kulturelle Willkür durchsetzt" (Bourdieu / Passeron 1973, S. 13). Daraus folgert sich die doppelte Willkür „jeder pädagogischen Aktion, da sowohl die Vermittlungsinhalte als auch die Vermittlungsweise notwendigerweise eine kulturelle Auswahl darstellen, die an partikulare Positionen im sozialen Raum gebunden sind" (Kramer 2014, S. 187). Im schulischen Feld besteht diese beschriebene doppelte Willkür deswegen in besonderem Maße, da die kulturell bedingte Auswahl von Vermittlungsinhalten und Vermittlungsweise hier mit denen der herrschenden Klasse deckungsgleich ist, sich aber gleichzeitig „auch an Angehörige anderer (auch unterprivilegierter) Schichten" richtet (ebd., S. 187). Daraus folgern Bourdieu und Passeron, dass das schulische Feld von eindeutiger Chancenungleichheit betroffen ist, da „alle ein Spiel mitspielen müssen, das unter dem Vorwand der Allgemein-

---

[7] Für einen Überblick über die Verwendung des Habitusbegriffs in der Bildungsforschung und den Erziehungswissenschaften vgl. weiterführend Höhne 2013.

[8] Für eine ausführliche Einführung in das Konzept des Habitus und die damit in Verbindung stehenden Vorüberlegungen zu der in dieser Arbeit ausführlich beschriebenen Theorie der „kulturellen Passung" vgl. die vollständigen Sammelbandartikel von Kramer 2014 und Kramer 2017.

bildung eigentlich nur für Privilegierte bestimmt ist" (Bourdieu / Passeron 1971, S. 39). Die Anziehung zwischen den kulturellen Gepflogenheiten, die einer sozialen Klasse inhärent sind, und den Anforderungen im schulischen Feld kann mehr oder weniger groß ausfallen, woraus sich ergibt, dass das (erfolgreiche) Bestehen oder (nicht-erfolgreiche) Scheitern im schulischen Feld „in Wirklichkeit von frühzeitigen Orientierungen [...] abhängig [ist], die unweigerlich durch das familiäre Milieu bestimmt werden" (ebd., S. 31 f.). Das kulturelle Erbe an Gepflogenheiten, welches in der und durch die Familie weitergegeben wird, löst somit im Feld der Schule unterschiedliche Reaktionen aus. Es kann dort gewürdigt oder abgelehnt werden, so dass „unterschiedliches kulturelles Kapital in ungleiches schulisches Kapital" (Kramer 2014, S. 188) umgewandelt wird. Die vererbten kulturellen Gepflogenheiten stellen sich folglich entweder als Gunst oder als Beeinträchtigung im schulischen Feld dar. Hierdurch wird von Bourdieu und Passeron implizit eine „Typologie der kulturellen Passung" (Kramer 2017, S. 188) eingeführt. Ob sich Angehörige einer sozialen Schicht in einem Passungsverhältnis zur Schule befinden, ist davon abhängig, ob zwischen ihrem kulturellen Erbe und dem der herrschenden Kultur eine Nähe auszumachen ist oder nicht. Die von Bourdieu und Passeron (1971, S. 37 ff.) gezeichneten Passungsverhältnisse oszillieren zwischen zwei Extremen. Die privilegierten Schichten, die schulische Bildung nicht als den wertvollsten Weg zur Wissensanhäufung betrachten und deren Angehörige das schulische Leben ohne Widrigkeiten und mit ständigem Erfolgserleben durchschreiten, befinden sich auf der einen Seite. Auf der anderen sind die bildungsfernen Schichten anzusiedeln, die sich in der Schule fremd fühlen und die für sich einen – wenn überhaupt eintretenden – Erfolg mit Glück oder Zufall begründen. Dazwischen befindet sich ein weiterer Typus, der tendenziell den privilegierten Schichten zugerechnet wird, dem jedoch die Leichtigkeit, mit denen die Obersten die Schullaufbahn meistern, fehlt und für welchen die Schule im Gegensatz eine wichtige Vermittlungsinstanz von Wissen darstellt, welches durch stetige Bemühungen und Anstrengungen erworben werden muss. Diese verschiedenen Passungskonstellationen lassen sich durch die charakteristischen Merkmale des schulischen Feldes erklären. Die „kontinuierliche und systematische Einprägungs- und Durchsetzungsarbeit" als Merkmal des Feldes Schule zielt auf die „Erzeugung eines Habitus" ab (Kramer 2014, S. 188). Diese „Erzeugung dauerhafter und übertragbarer Dispositionen des Habitus wird als irreversibler Prozess gefasst" (Kramer 2017, S. 192). Bourdieu und Passeron gehen daher davon aus, dass es einen primären Habitus gibt, der sich aus der ersten pädagogischen Arbeit, die normalerweise durch das Elternhaus vollzogen wird, konstituiert. Dieser primäre Habitus „[steht] am Ursprung der späteren Heranbildung jedes anderen Habitus" (Bourdieu / Passeron 1973, S. 58). Die Einprägungs- und Durchsetzungsarbeit, die im schulischen Feld stattfindet – auch sekundäre pädagogische Arbeit genannt (vgl. ebd., S. 58) – hat also diesen primären Habitus als gegebene Voraussetzung und muss in ihrem Wirken immer an diesen anschließen. Ob diese sekundäre pädagogische Arbeit erfolgreich ist und produktive Ergebnisse hervorbringen kann, ist abhängig von der „Distanz [...], die den Habitus, den sie einprägen will (d. h. die durchgesetzte kulturelle Willkür), von dem Habitus trennt, der durch die vorhergehenden pädagogischen Arbeiten, und am Ende der Regression, durch die primäre pädagogische Arbeit eingeprägt worden ist (d. h. die ursprüngliche kulturelle Willkür)" (ebd., S. 58). Durch diese Einführung eines primären und sekundären Habitus besteht nun die Möglichkeit, verschiedene Passungen zu erklären: Es kommt schlichtweg auf die Distanz zwischen dem primären und sekundären Habitus an. Befinden sich beide in einem Übereinstimmungsverhältnis, kommt es zu einem Verstärkungseffekt. Die Schule muss ihren sekundären Habitus nicht vermitteln, so er schon (weitestgehend) dem familiär geprägten primären Habitus entspricht. Besteht eine (erhebliche) Differenz zwischen dem primären und sekundären, zielt die sekundäre schulische Arbeit darauf ab, den primären Habitus durch einen sekundären zu ersetzen (vgl. Kramer 2017, S. 193). Der familiär erworbene primäre Habitus bildet somit den „Ursprung der Rezeption und Assimilation der pädagogischen Botschaft" (Bourdieu / Passeron 1973, S. 59). Zwischen einem primären, meist in der Familie erzeugten, Habitus und einem sekundären, schulischen Habitus besteht demnach eine kulturelle Passung mehr oder weniger genau.

4.2 Ausdifferenzierung der „kulturellen Passung" bei Kramer und Helsper

Vor allem Kramer und Helsper haben das von Bourdieu und Passeron entwickelte Konzept der „kulturellen Passung" ausdifferenziert und für die Schul- und Bildungsforschung besonders nützlich gemacht. Grundlegend erweitert sich durch die Spezialisierung der Theorie auch das begriffliche Repertoire; und zwar im Besonderen um den Begriff des *Schülerhabitus*.[9]

---

[9] Der Begriff Schülerhabitus ist ein fachterminologischer und theoretischer Ausdruck, weshalb er im Folgenden nicht gegendert wird.

Kramer führt den Begriff des *Schülerhabitus* in zwei verschiedenen Bedeutungen ein, von denen nur eine von weiterer Relevanz für diese Arbeit ist. Er leitet die für diese Arbeit relevante Lesart des Begriffs mit den Überlegungen von Bourdieu und Passeron ab, indem er den *Schülerhabitus* als „auf die schulische Institution bezogen" definiert, wonach dieser ein „institutioneller Habitus" ist, „der sich auf Anforderungen und Anerkennungsbezüge im schulischen Feld bezieht" (Kramer 2014, S. 190). Dieser (sekundäre) Schülerhabitus als auf die Institution Schule bezogener Ausdruck steht somit einem *Akteurshabitus* „in gewisser Weise als institutionelle Anforderung und Anschlussmöglichkeit gegenüber" (ebd., S. 190). Wenn nachfolgend der Begriff des *sekundären schulischen Habitus* bzw. des *(sekundären) Schülerhabitus* verwendet wird, gilt die folgende Definition:

> „[Es] wird damit die Bourdieusche Unterscheidung eines primären, familiär und milieuspezifisch generiertem, und eines sekundären Habitus aufgegriffen, der letztlich aus den spezifischen Haltungen, Regeln, Praktiken und Wissensbeständen besteht, die in der jeweiligen Schule von den Schülerinnen und Schülern eingefordert werden und die im Zuge der Schulzeit inkorporiert werden müssen, um schulische Anerkennung zu finden" (Helsper u.a. 2009, S. 275).[10]

Dieser Definition werden folgende Annahmen hinzugefügt. Nach Helsper stellen reformpädagogische Schulkulturen in freier Trägerschaft „schulische Orte exklusiver Schließung" dar (Helsper 2006, S. 169), in welchen zusätzlich zur Ebene der Schüler*innen auch auf der Eltern-Ebene „starke Kopplungen und habituelle Passungsverhältnisse von Schule und sozialem Milieu entstehen" (Ullrich 2015b, S. 268). Insofern gilt, dass sich die „spezifischen Haltungen, Regeln, Praktiken und Wissensbeständ[e]" (Helsper u.a. 2009, S. 275), welche von den Schüler*innen gefordert werden, auch auf das Elternhaus beziehen: Auch und gerade von ihnen – als wesentliche Sozialisations- und Erziehungsinstanz der Kinder – wird von schulischer Seite der sekundäre (Schüler)Habitus eingefordert.

---

[10] Im Unterschied zu der hier angeführten Verwendung des Begriffs betrachtet Kramer in einer anderen Definition den Schülerhabitus selbst als einen akteursspezifischen Habitus. Dieser würde demnach auf die „Ausprägung jener Wahrnehmungs-, Deutungs- und Handlungsschemata verweisen, mit denen sich diese [Akteure, T.B.] im Feld der Schule besonders sicher bewegen können" (Kramer 2014, S. 190). Dieser ist jedoch für diese Arbeit nicht von Bedeutung.

Helsper und Kramer untersuchten, ob eine an Bourdieus Habituskonzept und damit auch an seinen mit Passeron entworfenen Überlegungen Erträge für die Bildungs- und Schulforschung abwerfen kann. Dabei konstatieren sie eine klare Notwendig- und Sinnhaftigkeit, die Annahme eines primären familiären Habitus und dessen Passungsverhältnis zu den schulischen „Anforderungen und Anerkennungsstrukturen" (Kramer / Helsper 2010, S. 109) für die Schulforschung zu nutzen. Anhand der Vorstellung zweier eigener Studien[11] differenzieren Kramer und Helsper die Annahme eines von Seiten der Schule geforderten sekundären Habitus weiter aus und machen unterschiedliche Passungskonstellationen aus, in denen sich der sekundäre Habitus verschieden positioniert (vgl. Kramer / Helsper 2010, S. 109 ff.). Als theoretische Folie, vor welcher diese Ausdifferenzierung vollzogen wird, fungiert das maßgeblich von Helsper geprägte Konzept der *Schulkultur.* Jede Einzelschule bildet eine eigenspezifische *Schulkultur* aus, welche als „symbolisch-kulturelle Ordnung" begriffen werden kann, die „mit ihren Dominanzverhältnissen [...] ein Feld von exzellenten, legitimen, tolerablen, marginalisierten und tabuisierten kulturellen Ausdrucksgestalten, Praktiken und habituellen Haltungen [erzeugt], das zwar keine einfache Fortsetzung milieuspezifischer Habitusformationen darstellt, aber zu den diversen milieuspezifischen, ethnischen, geschlechtsspezifischen etc. habituellen Sinnstrukturen in einem Passungs- oder Abstoßungsverhältnis steht" (Helsper 2008, S. 67).[12] In dieser Logik werden Schulen als „Institutionen-Milieu-Verbindungen" (Kramer / Helsper 2010, S. 109) charakterisiert. Der von der jeweiligen Schule als Institution geforderte sekundäre Schülerhabitus, welcher durch die die Schule prägende Schulkultur bestimmt und durch die relevanten schulischen Akteure (z. B. Lehrer*innen, Elternbeirat, Schulleitung usw.) repräsentiert und immer wieder reproduziert wird, ist somit „zu spezifischen Milieus mehr oder weniger passförmig situiert" (Kramer / Helsper 2010, S. 110). Kramer und Helsper nehmen hierbei jedoch an, dass in differenten Schulkulturen auch stets eigenspezifische und differenzierte Institutionen-Milieu-Verbindungen entstehen – im Unterschied zu Bourdieu und Passeron, die den sekundären Schülerhabitus als Voraussetzung des schulischen Feldes *an sich* betrachten und ihn daher immer *entweder* in einem Passungs- *oder*

---

[11]   Für eine Zusammenfassung der von Kramer und Helsper mit durchgeführten Studien und einer Kurzdarstellung der Ergebnisse vgl. den vollständigen Sammelbandartikel Kramer / Helsper 2010.

[12]   Vgl. hierzu auch weiterführend die vollständigen Sammelbandartikel Helsper 2008 und Helsper 2009.

Abstoßungsverhältnis sehen (vgl. Kramer / Helsper 2010, S. 110). Folglich stehen „spezifische Schulkulturen zu sozialen Milieus in einem korrespondierenden Verhältnis der Homologie, der Nähe oder Distanz bis hin zur Abstoßung" (ebd., S. 110). Dabei sind drei verschiedene Passungsmodelle zu unterscheiden. Es existieren *primäre homologe Milieus, sekundäre Bezugsmilieus* sowie *antagonistische Abstoßungsmilieus* (vgl. Helsper u.a. 2009, S. 276). *Primäre homologe Milieus* zeichnen sich durch eine besonders große Kongruenz zwischen ihren Orientierungen und Maximen der Lebensführung und der schulischen Kultur bzw. dem geforderten Schülerhabitus aus: Die Schüler*innen müssen diesen idealen Schüler*innenentwurf in besonders hohem Maße verkörpern (vgl. Hummrich / Kramer 2017, S. 165). *Sekundäre Bezugsmilieus* sind dagegen nur zusätzlich nötige Milieus, die in geringerem Maße dem geforderten sekundären Habitus entsprechen (vgl. ebd., S. 165). Diese besitzen zwar „eine Nähe zur Schule", müssen aber eine „zugleich mehr oder weniger starke Transformations- und Konversionsbereitschaft aufweisen" (Helsper u.a. 2009, S. 276), um eine Passung zur Schule herzustellen. *Antagonistische Abstoßungsmilieus* kennzeichnen als drittes Passungsmodell eine „Trennlinie zu den Milieus, die für eine Schule und ihre symbolische Ordnung nicht mehr tragbar scheinen und für deren Kinder sich eine Schule nicht zuständig oder kompetent genug fühlt" (Hummrich / Kramer 2017, S. 165). Festzuhalten bleibt also, dass die These von Bourdieu und Passeron hiermit in dieser Hinsicht präzisiert wird. Einerseits kann der schulisch geforderte sekundäre Schülerhabitus sehr unterschiedliche Ausprägungen ausbilden (vgl. Kramer / Helsper 2010, S. 110). Andererseits kann auch das Ausmaß und die Intensität der Institutionen-Milieu-Passungen variieren, so dass entweder „enge Korrespondenzverhältnisse mit spezifischen Milieus" (ebd., S. 110) vorgefunden werden oder die Passung zwischen Milieu und institutionalisiertem Schülerhabitus in „unspezifischen [und offeneren, T. B.] Kombinationen" (Helsper 2006, S. 171) auftritt. Schulen lassen sich demnach definitiv als „Institutionen-Milieu-Komplexe" verstehen, „in denen harmonische und antagonistische Passungen zwischen unterschiedlichen familiären Milieus und der jeweiligen Schulkultur erzeugt werden" (Helsper / Hummrich 2008, S. 378).

Unter Zuhilfenahme des Konzepts der „kulturellen Passung" wird nachfolgend untersucht, welche Form der Passung bzw. Abstoßung zwischen Waldorfschulen als schulische Institution und den in Deutschland lebenden Migrantenmilieus besteht. Dafür müssen auf Basis der obigen Theoretisierung zwei Arbeitsschritte durchgeführt werden. In einem ersten Schritt werden wesentliche Merkmale eines von Waldorfschulen eingeforderten sekundären Schülerhabitus, welcher der symbolischen Ordnung einer anthroposophischen Schulkultur entspringt, charakterisiert (5). Zweitens werden die in Deutschland beheimateten Migrantenmilieus und ihr primärer Habitus vorgestellt und anschließend Annahmen über mögliche Passungsverhältnisse zwischen Milieu und Institution dargelegt (6).

5 Der sekundäre Schülerhabitus an Waldorfschulen

Die Darstellung des sekundären Habitus an Waldorfschulen erfolgt hauptsächlich auf Basis der Untersuchungen von Idel, der anhand zweier waldorftypischer Berichtszeugnisse sowie unter Bezugnahme auf relevante Studien einen sekundären Waldorfschülerhabitus in seinen Grundzügen umreist. Voranzustellen ist, dass Idel in seinen Ausführungen durchaus reflektiert, dass Waldorfschulen keinesfalls in einer nicht rechtfertigbaren Einheitlichkeit betrachtet werden können, sondern dass an den verschiedenen Einzelschulen sehr wohl ein durch die schulischen Akteure geprägter Variationsreichtum der Waldorfpädagogik vorzufinden ist. Trotzdem betrachtet er es als legitim, von einer waldorfübergreifenden Schulkultur auszugehen und somit zumindest (ansatzweise) idealtypische waldorfschulnahe oder -ferne Passungskonstellationen vorzustellen (vgl. Idel 2014, S. 295).

5.1 Stellung der Klassengemeinschaft und Stellung der Schüler*innen

In den von Idel (2002, 2014) untersuchten Zeugnissen steht der Entwurf der Klassengemeinschaft im Mittelpunkt der Überlegungen. Diese hat in der Waldorfschule eine zentrale Stellung. Sie bildet eine „von der Umwelt abgeschiedene Schicksalsgemeinschaft" (Idel 2014, S. 297), womit eine starke Homogenität des Klassenkollektivs einhergeht. Im ersten Zeugnis wird die Klasse daher metaphorisch mit der „sozialen Praxis einer Schifffahrt [parallelisiert]" (Idel 2002, S. 219). Die Schüler*innen werden in diesem homogenen Konstrukt „als ganze Person absorbiert und zugleich auf Rollenförmigkeit reduziert" (Idel 2014, S. 298). Dies lässt Schlüsse auf die Stellung der Schüler*innen in Waldorfschulen zu: Das individuelle Subjekt wird dem Kollektiven stets untergeordnet (vgl. Idel 2002, S. 220). Die Rolle, welche die individuellen Schüler*innen zugunsten des kollektiven Klassenkonstrukts ausfüllen sollen, stehen in deutlichem Zusammenhang mit der an Waldorfschulen typischen Sonderstellung der Klassenlehrkräfte. Die Klassenlehrer*innen führen die Klasse in einer autoritären Stellung an, woraus eine strenge, die soziale Klassenordnung prägende Hierarchie hervorgeht (vgl. Idel 2002, S. 219). Die Klassenlehrkraft an der „Spitze" dieser hierarchischen Ordnung hat also – ganz im Einklang mit dem waldorfpädagogischen Schulentwurf – sowohl sachliche als auch moralische Autorität gegenüber der Klasse. In der Metaphorik der Schifffahrt übernimmt die Lehrkraft somit die Rolle des Kapitäns (vgl. Idel 2014, S. 298). Unter diesen Bedingungen bleibt den Schüler*innen die Rolle der „Befehlsempfänger"; sie sind metaphorisch also die Matros*innen an Bord des Schiffes (vgl. ebd., S. 298). Sie stehen an zweiter Stelle hinter der in der Hierarchie klar oberhalb positionierten Lehrkraft als „Funktionsträger". Wie ihre Handlungen bewertet werden, hängt nicht von der „personale[n] Qualität [ab], die ihnen als unverwechselbare Subjekte zukommt" (Idel 2002, S. 222), sondern vielmehr von der Erfüllung ihrer Rolle: „Wer sich auf die Bewährungsdynamik des kollektiven Bildungsgeschehens einlässt, sich anstrengt und seinen Beitrag zum Bildungsprozess der Klasse leistet, dem (wird) geht es gut (gehen)" (Idel 2014, S. 298). Schüler*innen dienen hier also als „Projektionsfläche des schulischen Bildungsideals" (Idel 2002, S. 222) und gerade nicht als unverwechselbare, einzigartige Subjekte. Das Bild der Schüler*innen, gezeichnet als Matros*innen, zeigt somit eine notwendige Grundanforderung, welche die Schule im Sinne eines vorliegenden sekundären Habitus an die Schüler*innen (und damit auch deren Elternhäuser) adressiert: Es werden „umfassende Anpassungsanforderungen" (Idel 2014, S. 298) gestellt. Sollten Schüler*innen und Eltern die notwendigen Anpassungen vollziehen, kann eine Passung zur Schule hergestellt werden. Gelingt dies nicht, steigt folglich die „Gefahr einer tendenziellen Ablehnung individueller und eigensinniger Bildungsentwürfe" (Idel 2002, S. 222) deutlich an. Man ordnet sich demnach dem schulisch geforderten Habitus unter oder riskiert, mit der Schule in Abstoßungstendenzen zu geraten.

5.2 Was bedingt die Passung oder Abstoßung? Zentrale Eigenschaften

Aus der beschriebenen Grundstruktur lassen sich wesentliche Eigenschaften und Einstellungen herausarbeiten, die entweder ein habituelles Passungsverhältnis bestärken bzw. dafür notwendig sind oder die Wahrscheinlichkeit einer Passung verringern bzw. diese unmöglich machen. Das erste Zeugnis beschreibt Eigenschaften, die, wenn sie vorliegen, ein Differenz- oder Abstoßungsverhältnis befördern und verursachen. Eigensinnigkeit, ein ausgeprägtes Autonomiestreben sowie Individualisierungsansprüche sorgen dafür, dass Schüler*innen in Opposition zum schulisch geforderten sekundären Habitus stehen. Diese Einstellungen stehen im Gegensatz zu der geforderten Unterordnung unter das homogene Klassenkollektiv und der Anpassung an die schulisch geforderten Präferenzen (vgl. Idel 2014, S. 298). In einem weiteren Zeugnis werden die geforderten Eigenschaften verdeutlicht. Kindliche Neugierde, Hingabefähigkeit und Eifer sowie das Entsprechen des „romantischen Ideal[s] kindlicher Natur" (ebd., S. 298) führen zu einer vollständigen Unterordnung und Anpassung und gewährleisten damit die ideale Verkörperung des sekundären Schülerhabitus. Außerdem kann bei Ausprägung dieser Attribute ein harmonisches Arbeitsbündnis mit der Klassenlehrkraft hergestellt werden, in welchem sich das Kind als „wissbegieriges Subjekt und der Lehrer als pädagogische Autorität [...] wechselseitig anerkennen" (ebd., S. 299).

Alle aufgeführten Merkmale treffen auch auf die Elternschaft zu. Das Arbeitsbündnis, in welches die Eltern mit den Klassenlehrkräften eintreten, ist ebenso vom Gestus der Unterordnung und Anpassung geprägt. Eltern, die ihre Kinder an Waldorfschulen anmelden, akzeptieren einen „Monopolanspruch" (Ullrich 2015b, S. 278) der Waldorflehrer*innen im Hinblick auf die pädagogische und allgemeingültige Beurteilung der körperlichen sowie seelisch-geistigen Entwicklung der Kinder und ordnen sich demnach den schulischen Prinzipien vollständig unter. Beanspruchen Eltern hingegen ein Mitspracherecht bei pädagogischen Entscheidungen und Beurteilungen oder gar die Deutungshoheit, kann dies schnell in einen Konflikt mit der Schule münden (vgl. Ullrich 2015b, S. 279).

5.3 Familiäre Lebenswelt

Von entsprechender Bedeutung ist auch die in der Familie situierte Lebenswelt der Kinder. Zwischen dieser und der schulischen Welt muss, um eine Passung zu erzielen, ein „ideales Ergänzungsverhältnis" (Idel 2014, S. 299) bestehen. Das Arbeitsbündnis adressiert neben den Schüler*innen auch die Eltern als aktiv Teilhabende. Ein solcher Entwurf, der die Schule und das Schüler*innendasein als „Lebensform" charakterisiert (vgl. Helsper u.a. 2009, S. 213 ff.), sorgt für ein Verschwimmen und Verschieben der Grenzen zwischen dem familiären und schulischen Leben (vgl. Idel 2014, S. 294). Die Eltern und deren Auftreten sind demnach für das Passungsverhältnis von großer Relevanz. Sie können bestimmte „Hausaufgaben" machen, damit ihr Kind den „Interessenkreis eines Waldorfschülers ausbilden kann" (Ullrich 2015b, S. 279). Wenn sich die Eltern zum Wohle des Kindes an den sekundären Habitus anpassen, indem sie mit ihrem Kind notwendige Bedingungen erfüllen und Haltungen internalisieren sowie ihre Bereitschaft zur aktiven Teilhabe am Schulleben signalisieren, ist ein wesentliche Bedingung für die Passung zur Schule gegeben.

5.4 Umgang mit Leistungsansprüchen

Auch der Umgang mit Leistungsansprüchen ist für die kulturelle Passung zur Schule bedeutsam. Schüler*innen mit hohen Leistungsambitionen, die sich durch ihre besonders guten Leistungen abheben möchten, sind mit ihrer Haltung an Waldorfschulen meist nur wenig erfolgreich. Daher wird auch von einer „nivellierten Leistungskultur" (Idel 2014, S. 300) gesprochen. Wettbewerbsallüren und

Leistungs- und Konkurrenzorientierung sind Haltungen, die von Waldorfschulen nicht gefördert werden, sondern denen tendenziell mit Abstoßungsreaktionen begegnet wird (vgl. ebd., S. 300).

5.5 Gemeinsame Weltzugänge und Interessenlagen

Eine „weitere notwendige, wenngleich nicht immer hinreichende Voraussetzung" für eine Passung zur Waldorfschule sind „geteilte Weltzugänge und gemeinsame Interessenlagen" (Idel 2014, S. 301). Hierbei ist die Abhängigkeit von den Klassenlehrkräften groß, welche die Arbeitsbündnisse mit den Schüler*innen durch ihre jeweils eigenen Haltungen und Orientierungen maßgeblich prägen. Gemeinhin kann jedoch davon ausgegangen werden, dass Schüler*innen mit besonders „hochkulturellen Interessen" oder „außergewöhnlichen musischen, künstlerischen oder auch insgesamt kreativen Begabungen auch häufig Entwicklungsräume in der Waldorfschule vorfinden" (ebd., S. 301). Die Klassenlehrkräfte können diesen Kindern hierbei zu einem intellektuellen Gegenspieler werden. Komplementär werden Schüler*innen, die vielmehr Praktiken aus Alltags-, Massen- oder Subkulturen internalisiert haben, in einem vergleichsweise belasteten habituellen Verhältnis zur Schule stehen (s. Punkt 5.6). Außerdem stellte Adam in einer aktuellen Studie zu Erfahrungen von Schüler*innen mit Migrationshintergrund an Waldorfschulen eine „starke christliche Vereinnahmung" (Adam 2019, S. 64) der Schulkultur fest. Somit kann auch die Christlichkeit an Waldorfschulen als ein Weltzugang gewertet werden, dem für eine gelingende Passung entsprochen werden muss.

5.6 Subkulturen und Individualisierungsansprüche

Ein sehr bedeutsamer Aspekt ist die Orientierung von Schüler*innen (und ihren Familien) an „adoleszenten Subkulturen" sowie „konsumorientierten, massenmedialen und waldorffernen Freizeit- und Individualisierungsansprüchen" (Idel 2014, S. 302). Vor allem das Bewegen in jugendlichen Subkulturen, die dem anthroposophischen Ideal und der damit verbundenen Erwartungshaltung der Lebensgestaltung entgegenstehen, kann zu erheblichen Passungskonflikten führen. Insbesondere Schüler*innen, die hauptsächlich auf Peer-Groups, die nicht in der Waldorfwelt verortet sind, bezogen sind, und sich oftmals (bewusst außerhalb dieser Welt) in Subkulturen des gesellschaftlichen Mainstreams, in denen eigenen Individualisierungsansprüchen ein hoher Stellenwert beigemessen wird, aufhalten, entsprechen deutlich nicht mehr dem schulisch eingeforderten sekundären

Habitus. Die in diesen Subkulturen gelebten Werte widersprechen der modernitätskritischen Haltung der überwiegend hochkulturell-elitär geprägten Waldorflehrerschaft und -elternschaft massiv (vgl. ebd., S. 295). Durch den Aufenthalt in solchen Peer-Groups wird die herausragende Stellung der Klassenlehrkräfte hinterfragt und das Lehrer*innen-Schüler*innen-Verhältnis möglicherweise beschädigt. Daher führen jegliche Formen der Autonomieerprobung außerhalb der im waldorfpädagogischen Rahmen gegebenen Möglichkeiten zu einer sehr deutlichen Belastung des Verhältnisses zur Schule, da sich diese in der (pädagogischen) Verantwortung für alle Lebensbereiche sieht (vgl. ebd., S. 302). Schüler*innen dagegen, die während ihrer Waldorfschullaufbahn die dort typische „sozial[e] Kontinuität der schulischen Peers" (Idel 2007, S. 347) erleben und danach streben, stehen im Einklang mit den schulischen Wertepräferenzen und erfüllen somit den sekundären Schülerhabitus.

5.7 Zusammenfassung

Wesentliche Voraussetzung, um eine gelungene Passung zwischen dem geforderten sekundären Habitus und dem familiär geprägten primären Habitus zu erreichen, ist die

umfassende Anpassung an und Unterordnung unter die schulische Kultur und Präferenzen der Waldorfschulen. Die Schüler*innen müssen sich der kollektiven Klassengemeinschaft subordinieren und dabei bestenfalls als neugieriges, strebsames, engagiertes und hochkulturell geprägtes Individuum der Klassenlehrkraft auf intellektueller Ebene gegenübertreten können. Die Eltern müssen sich dem pädagogischen Monopolanspruch der Schule beugen. Die Anpassungsleistungen sind jedoch noch weitreichender. Die familiäre Lebenswelt muss die schulische ideal ergänzen und sonst (von Schüler*innen- und Elternseite) für ein Passungsmoment einer immer weiterführenden Scholarisierung (vgl. Ullrich 2015b, S. 279) unterzogen werden. Die einer Leistungskultur entspringende Konkurrenzorientierung muss, um Akzeptanz im schulischen Feld zu finden, vermieden werden. Von der „Waldorfkultur" abweichende Interessenlagen und Weltzugänge, die nicht hochkulturell-elitären und / oder künstlerisch affinen Kreisen entsprechen, führen zu Abstoßungsreaktionen von schulischer Seite (und müssten – auch wenn das meist nicht vollumfänglich möglich sein wird – angepasst werden, um eine Passung herzustellen). Außerdem müssen waldorffremde Peers strikt gemieden werden, um mit der Schule nicht in ein konflikthaftes Verhältnis einzutreten. Gelingen all diese Anpassungen, werden den Schüler*innen dafür „exklusive Paarbildungen mit den Klassenlehrkräften" (Idel 2014, S. 299) versprochen. Eltern und Kinder befinden sich dann in einer „pädagogischen Gegenwelt" (Ullrich 2011, S. 241), von welcher sich versprochen wird, dass Lernen im „kindgemäßen Arrangement und einem ganzheitlichen Lernen ohne Leistungsdruck" (Idel 2014, S. 295) geschieht und der Schultyp mit ihrer grundlegenden Schulkultur eine „reflexiv entmodernisierende pädagogische Antwort" darstellt (Helsper u.a. 2007, S. 77). Abschließend wird dargelegt, dass „soziokulturelle Distinktion [...] in der Waldorfschule nicht entlang der Leistungsachse über ein exzellentes Bildungsstreben hergestellt [wird], sondern über den anthroposophischen Weltzugang und die pädagogischen Normen und Formen der Waldorfpädagogik" (Idel 2014, S. 303 f.). Die kulturelle Distanz zwischen dem familiären Milieu und dem speziellen Waldorfschülerhabitus ist es somit, die den Ausschlag für die Passung gibt. Dabei werden Waldorfschulen als Institutionen mit „geringe[r] habituelle[r] Toleranz und eine[r] starke[n] habituelle[n] Selektivität" (ebd., S. 304) charakterisiert, wodurch deutlich wird, dass die Passung zur Schule nur gelingen kann, wenn (möglichst) alle habituellen Forderungen der Schule vollumfänglich durch die Schüler*innen und deren Familien erfüllt werden.

6 Migrantenmilieus in Deutschland und deren Passung zur Waldorfschule

Im Zuge der Beschreibung der Passungsverhältnisse zwischen den Migrantenmilieus in Deutschland und der Institution Waldorfschule müssen zwei Fragen in den Blick genommen werden. Erstens, warum Migrant*innen an Waldorfschulen derart hochgradig unterrepräsentiert sind und zweitens, warum die Migrant*innen, die an Waldorfschulen gehen, fast ausschließlich aus den privilegierten Gesellschaftsschichten kommen. Migrant*innen sind nicht als homogene Gruppe anzusehen, sondern es existiert im Gegenteil eine große „Pluralität von Migrationskulturen" (Merkle / Wippermann 2008, S. 57), welche folglich abgebildet werden muss. Zur Annäherung an die lebensweltliche Realität der Migrant*innen sollen daher die SINUS-Migrantenmilieus[13] herangezogen werden und durch die Betrachtung der wesentlichen habituellen Haltungen, Orientierungen und Werte ein primärer Habitus für jedes Milieu bestimmt werden. Für einen guten Überblick werden die acht SINUS-Migrantenmilieus in vier Segmente (vgl. vhw 2009, S. 7 f.) sortiert und dann einzeln betrachtet. Anschließend wird argumentiert, ob zwischen dem primären Habitus der Milieus und dem skizzierten sekundären Waldorfschülerhabitus der Tendenz nach ein Passungs- oder Abstoßungsverhältnis besteht, um zum Schluss wesentliche Ergebnisse zusammenzufassen.

---

[13] Das vom SINUS-Institut entwickelte Modell der Migrantenmilieus wird in dieser Arbeit auf Basis der Studie „Eltern unter Druck" von Merkle / Wippermann (2008) und der Studie vom vhw-Bundesverband für Wohnen und Stadtentwicklung e. V. (2009) verwendet. Mit der Studie „Große Vielfalt, weniger Chancen" von Barz u.a. (2015) lassen sich die Ergebnisse der ersten beiden Publikationen (gerade unter dem Aspekt der zeitlichen Abfolge) erhärten und – für unsere Zwecke besonders wichtig – auf den Bildungsbereich beziehen. Bewusst wurde auf die Verwendung des neuen Modells der SINUS-Migrantenmilieus verzichtet, da bislang keine für die Zwecke dieser Arbeit nützlichen Ergebnisse vorliegen und sich das Projekt noch in der Studienphase befindet (weiterführend zu ersten Ergebnissen der Studie vgl. Flaig / Schleer 2018).

6.1 Die traditionsverwurzelten Migrantenmilieus

Die *traditionsverwurzelten Migrantenmilieus* setzen sich aus dem *Religiös-verwurzelten Milieu* (7 %) und dem *Traditionellen Gastarbeitermilieu* (16 %) zusammen (vgl. vhw 2009, S. 7). Insgesamt werden 23 % der in Deutschland lebenden Migrant*innen diesen Milieus zugerechnet (vgl. Barz u.a. 2015, S. 23, 27).

Die im *Religiös-verwurzelten Milieu* beheimateten Migrant*innen leben überwiegend in archaischer Tradition. Die Milieuangehörigen vertreten traditionelle Wertvorstellungen, üben ihre (oftmals islamische) Religion äußerst dogmatisch aus, haben ein patriarchalisches Weltbild und befürworten einen rigiden, streng moralistischen Lebensstil. Sie befinden sich oftmals in einer kulturellen Enklave mit geringer Integrationsbereitschaft (vgl. Merkle / Wippermann 2008, S. 57). Ihr Weltbild ist maßgeblich bestimmt von einer idealisierten, traditionellen (Groß-)Familie als Lebensform und – ziel. Ein guter Ruf, Ansehen und ein intaktes Familienbild sind weitere wichtige Ziele. Auf die Lebensentscheidungen der Kinder besteht ein autoritativer elterlicher Einfluss, z. B. hinsichtlich der Partner*innenwahl, samt strenger Erziehungspraktiken (vgl. ebd., S. 61). Kinder müssen sich geschlechterkonform verhalten, die religiösen Gebote einhalten und keinesfalls dem libertären, materialistischen Lebensstil des Aufnahmelandes verfallen (vgl. ebd., S. 62). Bildung ist den Eltern zwar wichtig, jedoch engagieren sich nur die wenigsten Eltern aktiv in der Schule; oftmals auch wegen schlechter Sprachkenntnisse. Kulturelle Bildung wird nur dann als wertvoll angesehen, wenn die Kultur des Heimatlandes unterrichtet wird (vgl. Barz u.a. 2015, S. 25). Eltern aus diesem Milieu werden ihre Kinder höchstwahrscheinlich nicht an einer Waldorfschule anmelden. Der hohe Bewahrungsanspruch der eigenen kulturellen Identität und die Abgrenzungstendenzen der „Familie als höchstes Gut" widerspricht der Anpassungserwartung der Waldorfschulen vollkommen. Die Autorität in Erziehungsfragen werden Eltern aus diesem patriarchalisch hierarchisierten Milieu keinesfalls an Waldorflehrer*innen abtreten wollen. Auch die sehr dogmatische Ausübung der (oftmals islamischen) Religion kann mit der christlichen Prägung der Waldorfschule konfligieren. Da sich die Eltern grundlegend nicht in der Schule engagieren, scheint es unwahrscheinlich, dass sie sich dem schulischen Leben vollständig verschreiben, wie es an Waldorfschulen üblich ist. Hochkulturelle Interessen, die zur Waldorfschule passen, werden von den Eltern nicht vertreten. Im Gegenteil leben diese Familien oftmals in einer zur Waldorfschule kulturell diametral gegenüberstehenden Parallelkultur.

Migrant*innen aus dem *Traditionellen Gastarbeitermilieu* leben meist in ethnischer Tradition mit traditionellem Pflichtgefühl, haben ein Selbstverständnis als (dauerhafter) Gast ausgebildet und verbleiben auf einer niedrigen Integrationsstufe. Materielle Sicherheit ist ein vorrangiges Lebensziel. Man hält zwar an den Traditionen, Gebräuchen und den religiösen Riten des Herkunftslandes fest, akzeptiert aber die deutsche Kultur (vgl. Merkle / Wippermann 2008, S. 57). Die Familie wird als solidarisch-zusammenhaltende Versorgungsinstanz angesehen, mit klaren Abschottungstendenzen zur Umwelt; hierzu wird das Bild der „Familie als Burg" entworfen. Das Milieu hat ein traditionelles Familienbild mit dem Vater an der Spitze der Familienhierarchie verinnerlicht, welches jedoch nach Jahrzehnten in Deutschland abgeschwächt wird; es entstehen mitunter emanzipatorische Tendenzen. Oft werden Kinder, meist durch die Frauen, weniger autoritär erzogen. Vor dem Hintergrund der eigenen Erziehung möchten gerade die Mütter, dass ihren Kindern mehr Freiraum, Selbstständigkeit und Individualisierung ermöglicht wird (vgl. ebd., S. 63). Bildung ist für die Eltern so wichtig, dass sie der Ansicht sind, dass sie in erster Linie für die Schulbildung der Kinder verantwortlich sind. Sie engagieren sich im Schulleben und halten den Austausch mit Lehrkräften für sehr wichtig (vgl. Barz u.a. 2015, S. 28). Kulturelle Bildung wird für sinnvoll erachtet, wenn kulturelle Gepflogenheiten des Heimatlandes Teil dieser sind (vgl. ebd., S. 29). Kinder aus diesem Milieu können ebenfalls nur schwer eine Passung zur Waldorfschule herstellen. Die Abschottungstendenzen der „Familie als Burg" stehen der Idee der Waldorfschulen, die Familie stetig zu „scholarisieren", gegenüber. Eltern sehen das Monopol der Erziehung und Bildung bei sich und werden es vermutlich nicht bereitwillig an die Waldorflehrer*innen abtreten. Durch die überwiegende Ausrichtung an den Traditionen der Herkunftskultur ist auch dieses Milieu vergleichsweise gegenkulturell zur an der Waldorfschule gelebten Hochkultur positioniert. Die Abschwächung des traditionellen Familienbildes und der autoritären Erziehung mündet in der Hoffnung auf selbstständige Individualisierung, wodurch eine Passung zur Waldorfschule weiter erschwert wird.

Beide Milieus eint die sehr deutliche „Verbundenheit mit den traditionellen Werten der Herkunftskultur" (vhw 2009, S. 7), durch welche eine gelingende Passung beeinträchtigt wird. Die Milieuangehörigen müssen sich neben der hier gelebten Kultur stets noch zu einer sehr traditionalistisch ausgerichteten verhalten, was bereits eine Herausforderung an sich darstellt (vgl. Merkle / Wippermann 2008, S. 57). Deshalb mutet es unwahrscheinlich an, dass diese bereitwillig von ihrer heimatlichen Kultur abrücken und sich vollständig auf die Waldorfschule einlassen.

6.2 Die bürgerlichen Migrantenmilieus

Die *bürgerlichen Migrantenmilieus* setzen sich aus dem *Adaptiven Integrationsmilieu* (auch: *Adaptives Bürgerliches Milieu*) (16 %) und dem *Statusorientierten Milieu* (12 %) zusammen (vgl. vhw 2009, S. 7). Insgesamt werden 28 % der in Deutschland lebenden Migrant*innen diesen Milieus zugerechnet (vgl. Barz u.a. 2015, S. 41, 47).

Das *Adaptive Integrationsmilieu* ist überwiegend individualistisch-modernistisch geprägt. Die Angehörigen des Milieus zeichnet ein ausgeprägtes Streben nach Individualisierung und Selbstverwirklichung sowie eine intensive Auseinandersetzung mit der Herkunftskultur aus. Aufklärung und Emanzipation sind wichtige Werte für dieses Milieu, gepaart mit einem bestehenden Integrations- und Anpassungswillen (vgl. Merkle / Wippermann 2008, S. 57). Daraus resultiert ihre bikulturelle Orientierung sowie die Orientierung am gesellschaftlichen Mainstream (vgl. vhw 2009, S. 29). Die Familie stellt in diesem Milieu eine Glücksgemeinschaft auf Basis einer solidarisch-harmonischen, gleichberechtigten Paarbeziehung dar. Man verbringt ein intensives Leben innerhalb der Kernfamilie. Eine Distanzierung von traditionellen Erziehungsvorstellungen findet statt, die Kinder sollen selbstbestimmt und frei sein (vgl. Merkle / Wippermann 2008, S. 69). Bildung ist für dieses Milieu von überragender Wichtigkeit. Die Begleitung der Kinder sowie ein im Milieuvergleich überdurchschnittliches Elternengagement in Bezug auf notwendige Kontakte (wie z. B. Elternabende) werden als selbstverständlich betrachtet. Im sonstigen Schulleben tauchen die Eltern aus diesem Milieu jedoch sehr selten auf (vgl. Barz u.a. 2015, S. 43). Kulturelle Bildung wird als außerordentlich wertvoll empfunden, außerschulische kulturelle Bildung (z. B. Musik- und Tanzunterricht) sowie der Besuch von Kulturinstitutionen wird von den Eltern gefördert (vgl. ebd., S. 46). Für dieses Milieu stellt sich die Passung ambivalenter dar. Einerseits ist durch die grundlegende Bereitschaft zu elterlichem Engagement in Kombination mit einem ausgeglichenen Stellenwert der Familie sowie den tendenziell kreativ-kulturellen Interessen der Eltern eine Passung zur Waldorfschule keineswegs unmöglich. Dennoch erschwert der Wunsch nach einem intensiven Familienleben und außerschulischen Aktivitäten eine vollumfängliche Anpassung. Ein sehr gewichtiger Grund spricht andererseits klar gegen das Gelingen eines Passungsverhältnisses: Die Kinder sollen autonomieerprobend ihren Individualisierungstendenzen nachgehen und orientieren sich dabei am modernen Mainstream der Bevölkerung. Diese Haltung steht in klarer Opposition zur modernitäts- und konsumkritischen Waldorfkultur.

Das überwiegend konsum-materialistische *Statusorientierte Milieu* wird – soziokulturell entwurzelt – durch das Streben nach materiellen Ersatzwerten und Status angetrieben. Die Bestrebung, sozial akzeptiert zu werden, ist hoch. Dafür werden auch Anpassungs- und Aufstiegsanstrengungen in Kauf genommen (vgl. Merkle / Wippermann 2008, S. 57). Die Familie bildet für dieses Milieu einen „Schonraum" und erfüllt eine Ausgleichsfunktion gegenüber dem Nicht-Privaten. Eine intakte, vorzeigbare Familienfassade ist wichtig, es besteht jedoch kein Großfamilienanspruch (vgl. ebd., S. 66). Tendenziell kann der Erziehungsstil als autoritär beschrieben werden (vgl. ebd., S. 67). Die Kinder sollen zwar Freiräume haben, von ihnen wird jedoch eine hohe Leistungsorientierung erwartet, gute Noten sind äußerst wichtig (vgl. Barz u.a. 2015, S. 47). Auf guter Bildung, welche Aufstiegschancen ermöglicht, liegt das Hauptaugenmerk der Eltern. Im Milieuvergleich fällt ein überdurchschnittlich hohes Elternengagement in der Schule mit dem höchsten Zeitaufwand auf (vgl. ebd., S. 48). Kulturelle Bildung wird als wichtig erachtet, jedoch nur in dem Maße, wie es dem schulischen Erfolg der Kinder zuträglich ist (vgl. ebd., S. 49). Auch für dieses Milieu kann bezüglich der Passung eine Ambiguität festgestellt werden. Die am Mainstream ausgerichtete sehr ausgeprägte Konsumorientierung und das materialistische Streben kollidieren mit den Einstellungen, für die an Waldorfschulen eingetreten wird, in hohem Maße. Das gilt auch in Bezug auf die Leistungsorientierung. Diese konfligiert womöglich mit der an Waldorfschulen prävalierten nivellierten Leistungskultur. Andererseits zeigen sich Familien in diesem Milieu sehr anpassungsbereit und vertreten zuweilen durchaus hochkulturelle Interessen. In Kombination mit der hohen Beteiligungsbereitschaft mutet – eventuell gerade in Familien, die Leistungsorientiertheit und Materialismus weniger pflegen – eine Passung zur Waldorfschule wahrscheinlicher an.

Für die *bürgerlichen Milieus* ist es zwar denkbar, dass eine Passung zur Waldorfschule hergestellt werden kann. Als gewichtigstes Gegenargument tritt jedoch „ihre gemeinsame Orientierung am bürgerlichen Mainstream der Mehrheitsbevölkerung" (vhw 2009, S. 7) hervor. Durch diese können beide Milieus den Loyalitätserwartungen der Waldorfschulen vermutlich nicht gerecht werden.

6.3 Die ambitionierten Migrantenmilieus

Die *ambitionierten Migrantenmilieus* setzen sich aus dem *Multikulturellen Performermilieu* (13 %) und dem *Intellektuell-kosmopolitischen Milieu* (11 %) zusammen (vgl. vhw 2009, S. 8). Insgesamt werden 24 % der in Deutschland lebenden Migrant*innen diesen Milieus zugerechnet (vgl. Barz u.a. 2015, S. 51, 57).

Individualisierung und Selbstverwirklichung sind im *Multikulturellen Performermilieu* genauso zentrale Werte wie eine postmoderne Wertorientierung, verbunden mit der Aufhebung kultureller Identitäten und einer gelebten Multikulturalität (vgl. Merkle / Wippermann 2008, S. 57). Ausgeprägter Konsum, Status und Spaß am Leben sowie eine hinsichtlich Bildung ausgeprägte Leistungsorientierung werden als wichtig empfunden (vgl. Barz u.a. 2015, S. 57). Dieses junge, moderne Milieu hat meist noch keine eigenen Kinder, sondern lebt in festen Partnerschaften, die vor der Familiengründung ihre Freiheit genießen (vgl. Merkle / Wippermann 2008, S. 72). Als zukünftige Bildungs- und Erziehungsziele werden jedoch neben Selbstverwirklichung und Eigenständigkeit vor allem Leistungsbereitschaft und Arbeitsdisziplin angegeben (vgl. ebd., S. 73). Kulturelle Bildung wird als sehr wichtig angesehen. Musik- und Kunstunterricht außerhalb der Schule wird gefördert. Hochkulturelle Interessen, wie das Kennenlernen von Theater und Oper, sollten Kinder entwickeln (vgl. Barz u.a. 2015, S. 60). Die hochkulturellen Interessen, die in diesem Milieu ausgeprägt sind, machen eine Passung zur Waldorfschule wahrscheinlicher als für die bisher vorgestellten Milieus. Allerdings könnte gerade die postmoderne, Konsum und Status präferierende, multikulturelle Wertorientierung dafür sorgen, dass die (zukünftigen) Eltern zu der modernitätskritischen-elitären Waldorfelternschaft keine Bindung herstellen können. Hierfür spricht auch die Fokussierung der Leistungsorientierung. Andererseits ist eine Abstoßung nicht ausgemacht. Gerade fortschrittlich-moderne Waldorfschulen könnten für dieses Milieu eine Option darstellen.

Das *Intellektuell kosmopolitische Milieu* strebt Individualisierung und Selbstverwirklichung genauso wie Wissen, Bildung, Kultur, Kreativität und eine vollumfängliche Persönlichkeitsentwicklung an (vgl. Barz u.a. 2015, S. 51). Dieses Bildungsmilieu, das in Familien ohne traditionell verteilte Rollen lebt, visiert eine Förderung aller Talente und Gaben der Kinder an und möchte, dass sich ihre Kinder auf verschiedenen Ebenen frei entfalten (vgl. ebd., S. 51). Den Eltern ist jedoch auch ihre Autonomie wichtig. Man möchte autark seinen Interessen nachgehen (vgl. Merkle / Wippermann 2008, S. 70). Eltern sehen sich vor der Schule für die Bildung der Kinder in der Verantwortung und engagieren sich auch überdurchschnittlich häufig im schulischen Umfeld. Kulturelle Bildung hat in diesem Milieu einen hohen Stellenwert. Nur durch diese kann eine vielfältige Förderung der Kinder gelingen. Die kulturelle Bildung sollte vor allen Dingen in der Schule stattfinden (vgl. Barz u.a. 2015, S. 53). Jedoch fördern Eltern ihre Kinder auch im außerschulischen Bereich kulturell vielseitig (z. B. Musikunterricht, Museen, Austauschprogramme usw.) (vgl. Merkle / Wippermann 2008, S. 71). Von allen Milieus weist dieses die deutlichste Nähe zur Waldorfschule auf. Die hochkulturellen und besonders ausgeprägten musisch-kreativen Interessen sind anschlussfähig an die Waldorfschulkultur. Besonders die Förderung aller Gaben und die ganzheitliche Bildung bilden Interessenlagen der Waldorfschule ab. Selbstverständlich ist eine Passung jedoch auch für dieses Milieu nicht. Insbesondere das hohe Autonomiestreben, gerade in außerschulischen Interessensbereichen, und eine Elternschaft, die das Monopol für Erziehung und Bildung bei sich sieht, können auch zu Konflikten mit der Waldorfschule führen.

Zwischen den *ambitionierten Migrantenmilieus* und der Waldorfschule ist eine Passung am besten realisierbar und auch am wahrscheinlichsten. Jedoch kann die beide Milieus einende „sehr progressive, moderne Grundhaltung" (vhw 2009, S. 8) – gepaart mit einer multikulturellen Ausrichtung – auch zu Abstoßungen führen.

6.4 Die prekären Migrantenmilieus

Die *prekären Migrantenmilieus* setzen sich aus dem *Entwurzelten Milieu* (9 %) und dem *Hedonistisch-subkulturellen Milieu* (15 %) zusammen (vgl. vhw 2009, S. 8). Insgesamt werden 24 % der in Deutschland lebenden Migrant*innen diesen Milieus zugerechnet (vgl. Barz u.a. 2015, S. 31, 35).

Auch das *Entwurzelte Milieu* ist konsum-materialistisch geprägt. Soziale und kulturelle Entwurzelung führen zu einem ausgeprägten Streben nach Besitz, Konsum und Status als materialistische Ersatzwerte (vgl. Merkle / Wippermann 2008, S. 57). Dem gegenüber steht die sehr große Verwurzelung in der Herkunftstradition als Wertebasis (vgl. Barz u.a. 2015, S. 31). In einer traditionellen Kleinfamilie als „Notgemeinschaft", die vom Ideal der traditionalistisch geprägten Großfamilie übriggeblieben ist, werden den Kindern die traditionellen familiär-religiösen, oftmals islamischen, Werte vermittelt. Deutsche Sitten und Bräuche werden vollständig abgelehnt. Wenn man sich außerhalb der Familie in der Gesellschaft bewegt, dann in einem subkulturellen Umfeld (vgl. Merkle / Wippermann 2008, S. 65). Bildung wird als wichtig für die Chancen der Kinder erachtet, daher sind die

Eltern in der Schule durchaus engagiert (vgl. Barz u.a. 2015, S. 31). Kulturelle Bildung an sich ist wichtig, jedoch vertreten die Eltern keine hochkulturellen, sondern alltagskulturelle Interessen. Außerhalb der Schule finden keine kulturellen Aktivitäten mit den Kindern statt (vgl. ebd., S. 33). Der Hauptgrund dafür, dass eine Passung zur Waldorfschule nur schwer gelingen kann, besteht auch für dieses Milieu in der ausgeprägten materialistischen Konsumorientierung als Ausgleich für die eigene prekäre Vergangenheit. Wesentlich ist hierbei auch die traditionell geprägte Familie, die sich gegenüber dem deutschen Umfeld klar abgrenzt und die deutsche Kultur zugunsten ihrer (religiösen) Herkunftskultur ablehnt. Diese Haltung kann wegen der christlichen Prägung der Waldorfschulen zu einer Abstoßung führen. Auch die vergleichsweise alltagskulturellen Interessen dieses Milieus und das Bewegen in Subkulturen können das Verhältnis zur Waldorfschule belasten. Einzig die hohe Anstrengungsbereitschaft im schulischen Leben würde dem Habitus der Waldorfschulen entsprechen, was für eine gelingende Passung wahrscheinlich zu wenig sein wird.

Das *Hedonistisch-subkulturelle Milieu* ist das am stärksten konsum-materialistisch geprägte. Konsumwerte wie Autos und Kleidung sowie genereller Reichtum und Luxus werden als wichtig empfunden. Priorität im Leben hat das Spaß haben, Feiern, Party machen und „Chillen". Der westliche Lebensstil und der Aufenthalt in Subkulturen werden als Freiheit konstruierend wahrgenommen (vgl. Barz u.a. 2015, S. 35). Dieses Milieu hat selten selbst Kinder, lebt meist noch im elterlichen Haushalt und ist vergleichsweise jung. Die Milieuangehörigen legen weitaus größeren Wert auf soziale Anerkennung und Zugehörigkeit zu verschiedenen Peer-Groups außerhalb der Familie (wie Cliquen, Freundeskreise, Szenen, Gangs und zum Teil ethnische Enklaven). In diesen Peer-Groups spielt sich die meiste Zeit des Lebens ab (vgl. Merkle / Wippermann 2008, S. 74). Bildung wird als überschätzt angesehen, Eltern werden als zu ambitioniert beschrieben, weshalb sich dieses Milieu wenig für die Bildung der Kinder verantwortlich fühlt (vgl. Barz u.a. 2015, S. 36). Kulturelle Bildung wird tendenziell als Zeitvergeudung empfunden. Die einzig interessanten kulturellen Angebote entstammen den subkulturellen Peer-Groups (z. B. Hip-Hop), hochkulturelle Interessen (Theater, Museum, Oper usw.) sind für dieses Milieu völlig uninteressant (vgl. ebd., S. 38). Für dieses Milieu ist es nahezu unmöglich eine Passung zur Waldorfschule zu generieren. Die herrschende Konsum- und Freizeitorientierung und die Zentralstellung der subkulturellen Peers kollidieren vollumfänglich mit den präferierten Werten und der gewünschten Beständigkeit sozialer Peers an Waldorfschulen. Generell ist Bildung von geringerem Interesse für die Eltern, sodass nicht zu erwarten ist, dass sie sich bewusst für eine private Schule entscheiden. Kulturelle Bildungsmaßnahmen finden, wenn überhaupt, während des Aufenthalts in Subkulturen statt, wodurch Schüler*innen leicht in Konflikt mit den hochkulturellen Präferenzen der Waldorfschule geraten können.

Die *prekären Migrantenmilieus* können nur schwer eine Passung zur Waldorfschule erzeugen. Die oft jungen Angehörigen dieser Milieus versuchen ihre „starken Integrationsprobleme" (vhw 2009, S. 8) mit der Ausrichtung an Subkulturen und einer ausgeprägten Konsumorientierung zu bewältigen, worin der Hauptgrund für die Passungsdifferenzen auszumachen ist.

6.5 Zusammenfassung der Ergebnisse

Es konnte dargestellt werden, ob zwischen den jeweiligen Milieus und der Institution Waldorfschule eine Passung gelingen kann und in welchem Maße. Dabei ist vorwiegend zweierlei aufgefallen. Erstens ist kein Milieu ausfindig zu machen, das für die Waldorfschule ein primäres homologes Milieu (siehe 4.2) darstellt. Dagegen kann für einige Milieus festgehalten werden, dass es sich bei ihnen voraussichtlich um antagonistische Abstoßungsmilieus handelt (darunter insbesondere die *traditionsverwurzelten* und die *prekären Migrantenmilieus*, bedingt auch die *bürgerlichen*). Die *ambitionierten Migrantenmilieus* könnten (mit Einschränkungen) als sekundäre Bezugsmilieus gekennzeichnet werden. Damit kann schlussendlich konstatiert werden, dass sich das Modell der „kulturellen Passung" als sehr nützliche Grundlage erwiesen hat, um die offenen Fragen theoretisch zu ergründen. Kinder mit Migrationshintergrund sind an Waldorfschulen deshalb in hohem Maße unterrepräsentiert, weil es aufgrund der (bisweilen großen) Distanz zwischen dem jeweiligen primären Habitus der Migrantenmilieus und dem sekundären Habitus der Waldorfschulen fast nie gelingt, ein erfolgreiches Passungsverhältnis herzustellen – und nicht selten ein Abstoßungsverhältnis entsteht. Auch die zweite Frage kann vor dieser theoretischen Folie erörtert werden. Migrant*innen, welche die Waldorfschule besuchen, stammen meist aus den privilegierten Gesellschaftsschichten, weil die Wahrscheinlichkeit, dass Milieu und Institution passförmig situiert sind, auch mit der sozialen Lage der jeweiligen Milieus korreliert. Die Milieus, die in einem Abstoßungsverhältnis zur Waldorfschule stehen, sind überwiegend in niedriger sozialer Lage zu lokalisieren, während Milieus, deren Passung zur Schule wahrscheinlicher ist, in hoher oder zumindest mittlerer Lage verortet werden (vgl. Merkle / Wippermann 2008, S. 58). Die oben angesprochene „Schieflage" (Adam / Schmelzer 2019b, S. 7) zwischen eigentlichem Anspruch und aktueller Wirklichkeit im Hinblick auf die Integration von Migrant*innen aus allen sozialen Schichten kann schlussendlich auch theoretisch untermauert und begründet werden.

7 Die Interkulturelle Waldorfschule Mannheim

An der Waldorfpädagogik ist die Debatte um Interkulturalität sowohl theoretisch als auch schulpraktisch weitestgehend vorübergegangen (vgl. Adam 2019, S. 52; Frielingsdorf 2019, S. 369). Es wurde auch nur wenig Engagement gezeigt, um Kinder aus (gerade sozial schwachen) Migrantenmilieus zu werben (vgl. Brater / Hemmer-Schanze / Schmelzer 2009, S. 48). Jedoch ist sich die Waldorfpädagogik der beschriebenen Situation durchaus bewusst und erkennt Handlungsbedarf. Im Jahresbericht 2016 des Bundes der Freien Waldorfschulen wird angemerkt, dass das Problem sozialer Selektivität an Waldorfschulen nicht behoben ist und außerdem hinsichtlich der Waldorfschulen konstatiert: „Dass ihr bildungsferne Eltern und solche mit Migrationshintergrund weitgehend fehlen, ist ein Manko und bedarf der Gegenmaßnahmen" (Hüttig 2016, S. 21). Vor diesem Hintergrund wurde im Jahr 2003 die erste Interkulturelle Waldorfschule in Mannheim (im Folgenden als IWS abgekürzt) als Pionierprojekt gegründet, um sich dieser Problemlage anzunehmen (vgl. Brater / Hemmer-Schanze / Schmelzer 2009, S. 48 ff.). Die Schule wurde im Stadtteil Neckarstadt-West, einem innerstädtischen Teil Mannheims, in dem über 70 % der Bevölkerung Migrationshintergrund hat, in einem ehemaligen Möbelhaus eröffnet (vgl. Adam 2019, S. 53). Getreu ihres Leitbilds[14] „strebt sie Chancengleichheit für *alle* Kinder an, unabhängig von sozialer Schicht und Herkunftskultur" (Schmelzer 2019, S. 20, Hervorh. im Orig.). Aktuell werden dort in 12 Jahrgängen rund 280 Schüler*innen unterrichtet, von denen etwas mehr als die Hälfte Migrationshintergrund hat (vgl. ebd., S. 20). Die Schule beansprucht dabei für sich „eine wirkliche Pluralität sozialer und kultureller Herkunft zu erreichen" (Brater / Hemmer-Schanze / Schmelzer 2009, S. 49) und sieht diesen Anspruch realisiert: Die Kinder sind der Einordnung von Brater, Hemmer-Schanze und Schmelzer (2009, S. 50) zufolge aus allen sozialen Schichten stammend. Diese Pluralität trifft auch auf das Lehrerkollegium zu; gut die Hälfte der Lehrer*innen hat selbst einen Migrationshintergrund (vgl. Schmelzer 2019, S. 20). Das pädagogische Konzept[15] der IWS ist durchaus von der „klassischen" Waldorfpädagogik geprägt: Als Ganztagsschule mit handwerklich-künstlerischer Ausrichtung ohne Notengebung und Sitzenbleiben, mit der Verankerung des festen

---

[14] Zur ausführlichen Beschreibung des Leitbilds vgl. die Schulwebsite (https://www.fiw-mannheim.de).

[15] Zur ausführlichen Beschreibung des Schulkonzepts vgl. Brater / Hemmer-Schanze / Schmelzer 2009, S. 53 ff.

Klassenlehrer*innenprinzips und ganzheitlicher Bildungsausrichtung wird in Mannheim besonderer Wert auf Projektwochen, Praktika und das Feiern der gemeinsamen Feste aus verschiedenen Kulturen gelegt (vgl. Frielingsdorf 2019, S. 369 f.). Durch diese Schulgründung inspiriert, entstanden inzwischen weitere Gründungsinitiativen in Hamburg, Stuttgart, Berlin und Dortmund (vgl. Schmelzer 2016, S. 891) sowie in Köln und Dresden (vgl. Adam / Schmelzer 2019b, S. 8). Die IWS und ihr Konzept wurden inzwischen wissenschaftlich evaluiert. Die bei Brater / Hemmer-Schanze / Schmelzer (2009, S. 233 ff.) vorgestellten Ergebnisse attestieren der Schule hauptsächlich, dass sich die Sprachkompetenz der Schüler*innen, welche an der Schule besonders intensiv gefördert wird, äußerst positiv entwickelt hat und dass Schüler*innen und Eltern mit dem sozialen Klima überwiegend zufrieden sind. Diese Befunde stellen jedoch keinen Nutzen für die Fragestellung dieser Arbeit dar: Die positive Integrationsleistung an der IWS und die gute sprachliche Entwicklung der Schüler*innen mit Migrationshintergrund erklärt nicht, wie es dieser Schule überhaupt gelingt, Kinder aus Migrantenmilieus, die – wie oben theoretisch und empirisch nachgewiesen werden konnte – im Normalfall nicht an Waldorfschulen aufzufinden sind, zu erreichen. Außerdem wird die soziale Durchmischung ausschließlich mithilfe einer Einteilung aller Eltern gemeinsam – mit und ohne Migrationshintergrund – in die beiden Kategorien „(Fach-)Akademiker und „Nicht-(Fach-)Akademiker" begründet (vgl. ebd., S. 110). Hieraus geht nicht zwangsläufig hervor, dass auch Migrant*innenfamilien aus sozial schwachen Schichten an dieser Schule beheimatet sind und die IWS wirklich, wie behauptet, Migrant*innen aus *allen* Gesellschaftsschichten und damit aus *allen* Migrantenmilieus erreicht.

8 Exploration an der Interkulturellen Waldorfschule Mannheim: Vorstellung der Forschungs- und Auswertungsmethode

Nach der Theoretisierung folgt nun der empirische Teil dieser Arbeit. Zur Beantwortung der gestellten Fragen wird im empirischen Teil ein von mir geführtes Experteninterview mit einem Lehrer und Funktionsträger der IWS qualitativ ausgewertet. Dazu werden im Folgenden empirische Vorüberlegungen getroffen. Die nachfolgenden Schritte werden in Anlehnung an die Qualitative Inhaltsanalyse nach Philipp Mayring (2015) beschrieben. Da dieses Modell in Gänze eingesetzt für den Zweck dieser Arbeit überproportioniert wäre, werden nur die als produktiv angesehenen Schritte angewendet.

8.1 Die Fragestellung der Analyse

Zu Beginn muss in Anlehnung an Mayring (2015, S. 58 ff.) die Fragestellung der Analyse aufgezeigt werden, in dem die Analyserichtung sowie die theoretische Anbindung der Forschungsfragen aufgezeigt wird. Zusammengefasst ergibt sich folgender Fragenkomplex: Die IWS schafft es (offenbar), Migrantenmilieus anzusprechen und zu erreichen; und das entgegen der theoretischen Argumentation, dass zwischen Milieu und Institution keine Passung gelingen kann, und der empirischen Beobachtung, dass Migrant*innen fast nie an Waldorfschulen gehen. Erstens soll folglich untersucht werden, wie dieser Sachverhalt an der Schule bewältigt wird: Wie gelingt es der IWS, Migrantenmilieus anzusprechen und zu erreichen? Zweitens soll im Zuge der Überprüfung versucht werden herauszufinden, ob diese Schule, die im Vergleich zu anderen Waldorfschulen überproportional Migrant*innen beheimatet, auch wirklich *alle* Migrantenmilieus und damit *alle* sozialen Gesellschaftsschichten erreicht: Erreicht die IWS wirklich, wie behauptet, Migrant*innen aus allen Gesellschaftsschichten und damit aus allen Migrantenmilieus?

8.2 Forschungsfeld

Für die empirische Untersuchung der Forschungsfragen wurde die IWS als Forschungsfeld ausgewählt. Die Wahl kann damit begründet werden, dass diese Schule – wie oben beschrieben – die erste Schule in der Waldorfbewegung war, die sich des Themenkomplexes der Integration von Migrant*innen aktiv angenommen hat. Die Schule weist insofern den größten Erfahrungsschatz auf: Nach über 15 Jahren befindet sich die Schule nicht mehr im Aufbau, jede Klassenstufe bis zum Abitur wurde schon einmal unterrichtet. Für das Interview ist eine erfahrene Lehrkraft, die bestenfalls schon lange Lehrerfahrung an der IWS vorweisen kann und somit den Aufbau der Schule in ihren wesentlichen Zügen miterlebt und -geprägt hat, am besten geeignet. Mit dem Experten, mit dem das Interview geführt wurde, konnte eine solche Person gewonnen werden.

8.3 Forschungsmethode: Das Experteninterview

Als Forschungsmethode wird für diese Arbeit das Expert*inneninterview[16] gewählt. Bei dieser Methode handelt es sich um ein tendenziell randständiges Verfahren der qualitativen Sozialforschung, welches zwar sehr oft angewendet wird, jedoch erst im Laufe der Jahre in den Fokus der methodischen Reflexion rückte (vgl. Meuser / Nagel 1991, S. 441). Das Experteninterview ist zur „Rekonstruktion komplexer Wissensbestände" (Meuser / Nagel 2010, S. 457) in besonderem Maße geeignet. Gerade in der Bildungsforschung wird es immer wieder eingesetzt und zwar vorwiegend im Rahmen der „Evaluationsforschung" (ebd., S. 457). Es werden demnach Entscheidungsträger*innen und / oder Tätige aus der Praxis zum Zwecke der Datenerhebung versucht zu gewinnen; in unserem Fall ist der Experte der IWS sogar beides (vgl. ebd., S. 457). Der Experte wird in diesem Kontext methodologisch als eine Person definiert, welche in ihrer Rolle durch den Forschenden erst zum Experten gemacht wird: Der Forschende geht begründet davon aus, dass der Experte Wissen angehäuft hat, welches zwar nicht ausschließlich über ihn zugänglich wäre, aber dennoch eine Form exklusiven Wissens darstellt, das nicht bei jeder Person abgerufen werden kann (vgl. ebd., S. 461). Das Experteninterview entsteht folglich mit dem Ziel und Anspruch, dass der Experte sein Erfahrungswissen aus der alltäglichen Schulroutine, seinen Wissensstand über im Alltag abgebildete, aber noch nicht in die (bürokratischen) Strukturen eingeflossene Schulrealität, seine Kenntnisse über strukturelle Gegebenheiten der Institution sowie Entscheidungsgrundsätze innerhalb der Schule offenbart und somit einen Blick „hinter die Kulissen" ermöglicht (vgl. ebd., S. 457). Das Experteninterview wurde in Anlehnung an die Vorgaben, die Meuser und Nagel (2010, S. 464) machen, einerseits auf Basis eines Leitfadens, welcher Vorstrukturierung ermöglicht, andererseits offen geführt. Der Leitfaden enthält dabei einzelne Fragen zu über-

---

[16] Da es sich bei dem Interviewpartner für die Untersuchung in dieser Arbeit um einen männlichen Experten handelte, wird der Begriff im Folgenden nicht gegendert, sondern in der männlichen Form belassen.

geordneten Themen, die angesprochen werden sollen, jedoch keine detailliert-expliziten, tiefergehenden Fragen. Dabei garantiert gerade ein Leitfaden, dass die offene Interviewführung gelingt, da der Forschende durch dessen Ausarbeitung mit den Themenbereichen so vertraut ist, dass eine entspannte und flexible Interviewführung erst ermöglicht wird (vgl. Meuser / Nagel 1991, S. 449). Der Leitfaden wurde in dieser Arbeit flexibel genutzt und nicht der Reihe nach „abgearbeitet", um dem Experten innerhalb eines Rahmens die themen- und gerade nicht ablaufbezogene Entfaltung des institutionellen und überpersönlichen Wissens zu ermöglichen (vgl. Meuser / Nagel 2010, S. 465).

8.4 Bestimmung des vorliegenden Ausgangsmaterials

Im Sinne Mayrings muss das vorliegende Ausgangsmaterial bestimmt werden. Dazu muss eine „Festlegung des Materials" geschehen, anschließend die „Analyse der Entstehungssituation" erfolgen und als letztes „formale Charakteristika des Materials" (Mayring 2015, S. 54 f.) darlegt werden.

Festlegung des Materials: In der IWS entstand das Experteninterview mit einem Experten. Das Interview dauerte über eine Stunde und befindet sich in transkribierter Fassung in Anhang B. Als Basis für das Interview fungierte ein Leitfaden, der in Anhang A eingesehen werden kann. Das komplette Material diente als Basis für die nachfolgende Auswertung und Analyse.

Analyse der Entstehungssituation: Die Anfrage sowie alle Absprachen zum Interview erfolgten mit dem Experten im Vorfeld telefonisch. Selbiges gilt auch für die ausdrückliche Zustimmung des Experten zur Aufzeichnung und Auswertung des Interviews. Das Interview wurde in den Räumlichkeiten der IWS Mannheim im Mannheimer Stadtteil Neckarstadt-West in einem separierten, geschlossenen Raum am 06. Juni 2019 geführt. Das Interviewmaterial bestand aus dem Leitfaden und zwei Aufnahmegeräten. Räumlich fand das Gespräch an einem Tisch statt, an dem sich der Experte und der Interviewer auf Augenhöhe gegenübersaßen.

Formale Charakteristika des Materials: Das Interview wurde während des Gespräches in doppelter Fassung aufgezeichnet und anschließend nach der „erweiterte[n] inhaltlich-semantische[n] Transkription" (Dresing / Pehl 2018, S. 23) vollständig transkribiert. Die Sprache wurde in geglättetes Deutsch übertragen, solange dies nicht zu inhaltlichen Verzerrungen führte. Im Transkript wurden Zeitmarken angegeben.

8.5 Qualitative Inhaltsanalyse in Anlehnung an Philipp Mayring

Um die erhobenen Daten nicht nur „irgendwie" zu verarbeiten, ist ein konkretes Auswertungsverfahren unbedingt notwendig. Im Folgenden soll in Anlehnung an die Qualitative Inhaltsanalyse nach Philipp Mayring (2015) vorgegangen werden. Diese eignet sich dazu, fixierte Kommunikation systematisch und regelgeleitet (und somit auch überprüfbar) auszuwerten (vgl. Mayring 2015, S. 13). Sie zeichnet sich in erster Linie dadurch aus, dass sie „theoriegeleitet [...] Material unter einer theoretisch ausgewiesenen Fragestellung" (ebd., S. 13) analysiert und interpretiert und den vorliegenden Text nicht bloß Schritt für Schritt wiedergibt. Aus drei verschiedenen von Mayring vorgeschlagenen Analysetechniken wird in dieser Arbeit in Anlehnung an die „zusammenfassende Inhaltsanalyse" vorgegangen (ebd., S. 68). Das vorrangige Ziel ist es hierbei „das Material so zu reduzieren, dass die wesentlichen Inhalte erhalten bleiben, durch Abstraktion einen überschaubaren Corpus zu schaffen, der immer noch Abbild des Grundmaterials ist" (ebd., S. 67). Die Analyse erfolgt anhand gebildeter Kategorien. Diese Kategorien werden bei der zusammenfassenden Technik nicht im Vorhinein festgelegt, sondern werden unmittelbar bei der Materialbearbeitung gewonnen. Deshalb wird dieses Vorgehen auch als „induktiv[e] Kategorienbildung" (ebd., S. 68) bezeichnet. In Anlehnung an Mayrings zusammenfassende Analysemethode mussten als erstes Auswertungseinheiten festgelegt werden (vgl. ebd., S. 71). In dieser Arbeit entsprechen die Auswertungseinheiten den Themen der einzelnen Fragen des Interviewleitfadens. Im nächsten Schritt wurden die einzelnen Auswertungseinheiten paraphrasiert. Die Einheiten wurden in vergleichbare sprachliche Form gebracht und verallgemeinert, wodurch das erste, generalisierte „Abstraktionsniveau" (ebd., S. 70) erreicht wurde. Als nächstes folgten Reduktionsschritte: Inhaltlich kongruente sowie für die Forschungsfragen irrelevante Passagen wurden weggestrichen, ähnliche Bedeutungsaspekte über die Einheiten hinweg gebündelt. Kategorien, die sich bis hierhin als unbrauchbar erwiesen hatten, wurden fallengelassen, während etwaig fehlende Kategorien neu gebildet wurden. Sobald die relevanten Aspekte gebündelt in übergeordneten Kategorien einsortiert wurden, war die inhaltliche Analyse beendet (vgl. ebd., S. 71).

9 Darstellung und Interpretation der Forschungsergebnisse

Übersichtshalber werden im Folgenden die vier Kategorien, die in der qualitativen Analyse des Interviews induktiv gebildet wurden, in Anlehnung an Mayring (2015, S. 112) samt einer Definition der Kategorie und einem Ankerbeispiel aus dem Interview tabellarisch vorgestellt.

Kategorie	Definition	Ankerbeispiel
Selbst-positionierung in der Waldorf-bewegung	Selbstverortung der Interkulturellen Waldorfschule im Vergleich zu traditionellen Waldorfschulen und Auswirkung dieser Selbstpositionierung auf die Erreichung von Kindern aus Migrantenmilieus	„Und ähm es ist in meinen Augen der einzig richtige und wichtige Weg, den man beschreiten muss. Wir sind bisschen so Vorreiter, wieder zurück zu den Ursprüngen" (Z. 725 – 727).
Zentrale Elemente des Schülerhabitus	Charakterisierung der zentralen Elemente und Kennzeichen des sekundären Schülerhabitus an der Interkulturellen Waldorfschule und deren Auswirkung auf die Erreichung von Kindern aus Migrantenmilieus	„Die merken, okay es wird nicht nur Einbahnstraße gefahren, sondern es ist in beide Richtungen, sie wollen wirklich verstehen, sie wollen wirklich begegnen, sie wollen wirklich einen Platz schaffen auch für das, was mir wichtig ist" (Z. 579 – 582).
Bedingungen und Grenzen der Passung	Darstellung der Bedingungen, die zu einer Passung zwischen Institution und Milieu führen und Beschreibung möglicher Abstoßungslinien, ab welchen Grenzen der Passung erreicht sind und diese (vermutlich) nicht mehr möglich sein wird	„Aber wenn das in, in den Rahmen passt, wo wir uns vielleicht noch, noch bewegen müssen und, und neue Wege suchen müssen, ähm, aber trotzdem wir verantworten können, dann ist es, haben sie immer den Weg gefunden zu uns" (Z. 484 – 487).
Maßnahmen zur Erreichung der Migranten-milieus	Beschreibung der konkreten Maßnahmen und Handlungen, welche die Interkulturelle Waldorfschule vollzieht, um alle Migrantenmilieus zu erreichen	„Es ist immer wichtig, meiner Erfahrung nach, ähm mit Respekt diesen Menschen zu begegnen, nicht zu verurteilen. Das passiert manchmal im Verborgenen auch bei einem selbst, und man denkt: och (...) und das merken die Menschen, das ist (...) passiert vieles im Nonverbalen. [...] Vertrauen baut man nicht nur durch, durch Reden, durch das Gesprochene und Verstandene,ndern auch auf einer anderen Ebene" (Z. 545 – 551).

Tabelle 1: Kategorien der qualitativen Inhaltsanalyse samt Definitionen und Ankerbeispielen

Nachfolgend werden für jede der Kategorien erst die Darstellung der Forschungsergebnisse und anschließend im Hinblick auf die beiden Forschungsfragen die Interpretation der Ergebnisse durchgeführt. Alle Zeilenangaben verweisen auf das vollständig transkribierte Experteninterview in Anhang B[17].

9.1 Kategorie „Selbstpositionierung in der Waldorfbewegung"

Darstellung: Eine auf Ganzheitlichkeit ausgerichtete Pädagogik sowie der Glaube an eine körperlich und seelisch-geistige Entwicklung, die alle Kinder unabhängig von ihrer sozialen und kulturellen Herkunft durchlaufen, sind nach dem Experten für interkulturelles Leben und Lernen wichtig. Ebenso wird eine praktisch-künstlerische Orientierung und eine notwendige Engbindung zur Klassenlehrkraft vertreten. Damit sind die konstitutiven Merkmale der Waldorfschule auch an der IWS zu finden (vgl. Z. 194 – 211). Die skizzierten Unterschiede sind jedoch weitreichender. Die Aufnahmekriterien unterscheiden sich laut dem Experten grundlegend. Der IWS sei die Aufnahme von Schüler*innen unabhängig davon, ob das Schulgeld bezahlt werden könne, besonders wichtig, während an klassischen Waldorfschulen die Bezahlung ein Kernkriterium zur Aufnahme sei (vgl Z. 77 – 84). Die IWS sei zwar intern eine waldorfpädagogisch geprägte Institution, stelle dies jedoch gegenüber den Eltern nicht in den Vordergrund. Auf Elternabenden werde stetig versucht, Gründe und Argumente anzuführen, die für die IWS sprechen, aber stets, ohne anthroposophisch zu argumentieren. Im Gegenteil werde eher wissenschaftlich und entwicklungspsychologisch für die Konzeption der IWS argumentiert. Im Fokus stehe, dass Eltern verstehen (und hoffentlich schätzen lernen), was die Kinder (und deren Familien) an dieser Schule erwarte, unabhängig davon, ob die Waldorfpädagogik präferiert werde oder nicht (vgl. Z. 653 – 667). Der Experte beschreibt, dass die IWS die Schulziele des Gründungsimpulses aus dem Jahre 1919 umzusetzen vermag:

> Das heißt, unsere ist ähm eine Schule, so soll Waldorf sein. So ist es die erste Schule gewesen, eine Schule für alle, für Arbeiterkinder, nicht für (...) die Menschen, die Geld haben. Emil Molt wollte eine Schule für seine Arbeiterkinder und das ist das, was wir unbedingt wieder für diese Kinder, die es gebraucht haben, die wir erlebt haben, machen wollten [...] (Z. 716 – 721).

---

[17] In den folgenden Zitaten aus dem transkribierten Experteninterview verweisen eckige Klammern auf Auslassungen, während runde Klammern Sprechpausen markieren.

Das Hauptziel einer Gemeinschaftsschule für alle Schichten – unabhängig von ihrem materiellen, sozialen oder kulturellen Hintergrund – wird vom Experten als an der IWS umgesetzt betrachtet. Die IWS sei in diesem Kontext in einer besonderen und verantwortungsvollen Position:

> Und ähm es ist in meinen Augen der einzig richtige und wichtige Weg, den man beschreiten muss. Wir sind bisschen so Vorreiter, wieder zurück zu den Ursprüngen (Z. 725 – 727).

Der Experte ist der Meinung, dass alle Waldorfschulen diese Ziele wieder anvisieren sollten, sie es aber aktuell (noch) nicht tun (vgl. Z. 742 f.).

Interpretation: Der Experte entwirft ein Bild der IWS, das sich deutlich von den klassischen Waldorfschulen abzuheben versucht. Die Gemeinsamkeiten beziehen sich ausschließlich auf die allgemein waldorfpädagogische Konzeption. Ansonsten wird die IWS auf einer grundlegend anderen Ebene verortet: Die IWS erhält das Prädikat der „echten" Waldorfschule, wie sie in den Gründungsjahren angestrebt wurde. Man verschreibt sich den ursprünglichen Schulzielen und positioniert sich in einem Distanzverhältnis zu den klassischen Waldorfschulen heute; sozusagen „unechten" Waldorfschulen, die die Ziele des Gründungsimpulses nicht mehr anvisieren. Die IWS dagegen wird als Idealtypus der Waldorfschulen stilisiert: Eine sich den heutigen Herausforderungen annehmende, fortschrittlich-innovative und evolutionäre Waldorfschule. Dieses Bild wird in der stetigen Herausstellung der Differenzen zu den klassischen Waldorfschulen aufrechterhalten. Erstens die Schulgeldthematik, bei welcher sich die IWS als grundständiges Gegenmodell konstruiert, da das Schulgeld grundlegend nicht als Aufnahmekriterium gesehen wird. Zweitens in der Legitimation und Außenwirkung der Waldorfpädagogik selbst. Diese wird eben nicht als „summum bonum" der pädagogischen Konzeptionen charakterisiert, sondern es wird gegenteilig versucht, die eigenen Ansichten und Methoden wissenschaftlich zu begründen: Nicht das Konzept „Waldorf" soll die Familien überzeugen, sondern das entworfene Bild dahinter. Auch hierdurch grenzt man sich zu den Waldorfschulen ab. Die IWS versteht es, sich von den Waldorfschulen und der Waldorfpädagogik abzuheben, indem sie das Signal ausstrahlt, authentischer, gewissermaßen originalgetreuer, die wirkliche „Waldorf-Idee" zu verkörpern, während sich die anderen Waldorfschulen wesentlich von ihr wegentwickelt haben. Verbunden damit hat die IWS kein Interesse als „normale" Waldorfschule gesehen zu werden. Außerdem kommt der Anspruch zu Tage, den anderen Waldorfschulen als „Leitstern" zu dienen und diese zu bewegen, ihren Weg langfristig mitzugehen. Es wäre nicht überraschend, wenn andere Waldorfschulen diese Selbstpositionierung als anmaßend empfinden würden, was paradoxerweise nicht passiert. Im Gegenteil verweisen die Forschung sowie die klassischen Waldorfschulen stets auf die Mannheimer IWS als Vorreiter der Integration. In dieser Selbstverortung in der Waldorfschulbewegung kann ein erster Grund gesehen werden, wieso es dieser Schule gelingt, Migrant*innen zu erreichen. Man zeigt sich mit dem waldorfpädagogischen Ansatz flexibel und versucht sich vom gemeinhin verhafteten Bild der Waldorfschulen abzuheben, wodurch den Eltern schlichtweg eine überdurchschnittlich engagierte Schule mit einem sichtlich durchdachten Konzept präsentiert wird, die sich der Interkulturalität verschrieben hat, aber eben nicht den Eindruck erweckt, dass für sie eine waldorfpädagogische Wertkonstellation oberste Priorität besäße. Im Gegenteil ist das Konzipieren einer wirklichen Einheitsschule für alle Kinder (und im Stadtteil Neckarstadt-West vorrangig für Migrant*innen) von größter Wichtigkeit – wie im Gründungsimpuls idealisiert worden ist. Der IWS gelingt es demnach durch ihre fortschrittlich-innovative Ausrichtung im Vergleich zu anderen Waldorfschulen, dass zwischen Migrantenmilieus und Institution eine Passung gelingen kann.

9.2 Kategorie „Zentrale Elemente des Schülerhabitus"

Darstellung: Der Experte beschreibt als oberste Wertepräferenz der Schule die Offenheit und Toleranz gegenüber Andersartigen, in besonderem Maße anderen Kulturen. Diese Offenheit müsse allerdings stets im realen Leben aufgegriffen und nicht in bewusst konstruierten Situationen er- und durchlebt werden. Sie könne niemals durch bloße Anhäufung von Wissen über andere Kulturen entstehen (vgl. Z. 125 – 134). Diese erlebte Offenheit sei nur zu erreichen, wenn Anpassungsbereitschaft von allen schulischen Akteuren vorhanden ist. Stetige Rücksichtnahme und Anpassung an andere Kulturen ist nach dem Experten immer vonnöten. Dazu betrachte man folgendes Beispiel:

> Ich werde nie vergessen [...], war bei Geburtstagen üblich, dass die Kinder Kuchen
> mitgebracht haben mit ähm Gummibärchen oben drauf (...) und dann haben die mus-
> limischen Kinder diesen Kuchen nicht gegessen, weil ähm Gelatine in Gummibärchen
> [...] dann haben wir irgendwann das besprochen, festgestellt, dass es so ist, haben
> auch gesprochen und haben die Kinder selbstverständlich dann Schokokuchen ohne
> Gummibärchen mitgebracht. Und eines Tages kam ein Mädchen mit aber so viele
> Gummibärchen gab's noch nie auf einem Kuchen, Klasse leicht im Schock, starr, was
> ist jetzt, wie sagen die ihr, ähm ja dass sie traurig wird, weil die Geburtstag hat und
> jetzt wir (...) wir wollen das nicht, dass du so einen Kuchen mitbringst und dann hat
> sie sich hingestellt und hat gesagt: naja, achtung, das sind Gummibärchen (...), aber
> vegane (Z. 134 – 148).

An diesem szenischen Bericht des Experten wird diese Anpassungserwartung deutlich. Das Mädchen ersetzte die Gummibärchen mit Gelatine durch vegane und signalisiere dadurch Anpassungsbereitschaft und Offenheit an andere Kulturen. Das werde jedoch auch gefordert und verlangt. Das Ausbleiben solcher Anpassungshandlungen führe unweigerlich in den Konflikt zwischen verschiedenen Kulturen, wie z. B. bei Quereinsteigern, die am Anfang mit dem Modus der gegenseitigen Akkommodation noch nicht vertraut seien und erst hineinwachsen müssten (vgl. Z. 270 – 274). Dem Experten ist es jedoch wichtig klarzustellen, dass sich diese Anpassungshandlungen keineswegs nur auf Schüler*innen beziehen, sondern auch Eltern und Familie der Schüler*innen sowie Lehrkräfte und schulische Akteure betreffen. Die Eltern passen sich durch verschiedene Handlungen an die Schule an: Die freiwillige Schulgeldzahlung werde oftmals doch geleistet, da auch sozial schwächere Familien die Schule unterstützten möchten, da sie feststellten, dass es ihren Kindern gut gehe (vgl. Z. 327 – 329). Auch bei der aktiven Beteiligung am Schulleben (z. B. Backen, Kochen, Veranstaltungen organisieren usw.) zeigten sich viele Eltern engagiert (vgl. Z. 329 – 336). Dieses Sich-Einbringen sei gerade für Eltern aus Migrantenmilieus oftmals Neuland (vgl. Z. 373). Aber auch die Schule – meist in Gestalt der Lehrpersonen – vollziehe Anpassungen an die Familien und die Schüler*innen: Gerade außerhalb ihrer waldorfpädagogischen Domäne werbe die IWS häufig, gerade in staatlichen Kindergärten, um Kinder zu erreichen, die bislang nicht mit der Waldorfpädagogik aufwuchsen. Das Ziel sei es, gerade nicht akademisch geprägte Familien anzusprechen, sondern überwiegend sozial schwächer gestellten Kindern mit Migrationshintergrund, die bislang z. B. in der Sprachentwicklung Defizite aufwiesen, eine alternative schulische Entwicklungsmöglichkeit aufzuzeigen (vgl. Z. 390 – 397; Z. 407 – 417). Die Lehrerschaft sei dabei sehr bemüht, stetig ein ernsthaftes Interesse an kulturellem Austausch und kultureller Akzeptanz zu signalisieren. Aufrichtige Akzeptanz und Respekt solle es für die Eltern spürbar machen, dass Kultur und Religion wirklich respektiert und gewürdigt werde (vgl. Z. 571 – 579). Des Weiteren verschreibe sich die Schule der stetigen Selbstüberprüfung. Ihre Maßnahmen würden immer bezogen auf den Nutzen für das Wohl der Kinder reflektiert und daraufhin beibehalten oder abgeschafft bzw. modifiziert (vgl. Z. 833 – 847). Außerdem strebe es die Schule an, Zukünftigem stets offen gegenüberzustehen und dafür auch an notwendigen Stellen selber zurückzutreten und Neuem Raum zu geben (vgl. Z. 833 – 862). Zusammengefasst beschreibt der Experte diese wechselseitige und gegenseitige Anpassung aus der Sicht der Elternschaft wie folgt:

> Die merken, okay es wird nicht nur Einbahnstraße gefahren, sondern es ist in beide Richtungen, sie wollen wirklich verstehen, sie wollen wirklich begegnen, sie wollen wirklich einen Platz schaffen auch für das, was mir wichtig ist (Z. 579 – 582).

Interpretation: Das den sekundären Habitus konstituierende Element ist die tolerante Offenheit gegenüber andersartigen Kulturen, wodurch erneut eine Nähe zum Gründungsimpuls hergestellt wird, welcher dies bereits erreichen wollte (vgl. Leber 2011, S. 38). Darüber hinaus ähnelt der sekundäre Schülerhabitus auf den ersten Blick dem der klassischen Waldorfschulen: Auch an der IWS werden „umfassende Anpassungsanforderungen an die Schülerinnen und Schüler [und gleichermaßen an die Elternhäuser, T. B.] adressiert" (Idel 2014, S. 298). Die aktive (finanzielle oder ehrenamtliche) Beteiligung der Elternschaft stellt umfassende Anpassungsleistungen in Richtung Schule dar. Die Eltern aus Migrantenmilieus ordnen sich somit dem waldorfpädagogischen Entwurf der „Schule als Lebensform" unter. Dieser nach den theoretischen Annahmen unwahrscheinliche Schritt kann an der IWS nur gelingen, weil die Schule selbst in „Vorleistung" tritt. Der Schule gelingt es offenbar in Gestalt der Lehrer*innen, selbst umfangreiche Anpassungsleistungen an die verschiedenen Migrantenmilieus zu leisten. Dazu gehört, dass erreicht werden muss, dass sich die Kinder wohlfühlen, aber eben auch ein aktives Zugehen auf die Eltern und ein regelrechtes Umwerben ihrer kulturellen Persönlichkeiten, was keineswegs abwertend, sondern ehrlich und offen geschieht. Dazu werden von Lehrpersonen auch aktiv Erfahrungsfelder provoziert und konstruiert, in denen Eltern gerade Handlungen erproben, die normalerweise nicht zu ihrer Kultur gehören (vgl. Z. 370 – 378). Die schulische Anpassung an die elterlichen Milieus geschieht folglich immer mit der Intention, elterliche Anpassung in Richtung Schule zu fördern und fordern. Die Schule ist sehr bestrebt sich zu bewegen, soweit es der Schule bis zu den vorhandenen Abstoßungslinien (s. Punkt 9.3) möglich ist. Gleichermaßen erwartet sie dann eine Anpassung von Kindern und Familien hin zum sekundären Habitus der IWS. Wenn diese gegenseitige Anpassung gelingt, steht einer erfolgreichen Schulkarriere nichts im Wege und die Schule kann das Kind und die Familien vollumfänglich erreichen. Der schulisch geforderte sekundäre Habitus unterscheidet sich somit teilweise weitgehend vom klassischen „Waldorfschülerhabitus". Die Schule fordert zwar nach wie vor (für Migrant*innen sicherlich teilweise umfangreiche) Anpassungen zugunsten der Klassengemeinschaft und des Schullebens. Die Schule ist sich aber bewusst, dass sie diese Migrantenmilieus niemals erreichen würde, ohne vorher selbst auf die Familien zuzugehen, sie für ihre Idee zu begeistern und sich ein Stück weit an sie anzupassen und ihnen Brücken zu bauen. Sie schafft es durch diese Vorleistung das Versäumnis der klassischen Waldorfschulen auszubessern: Wer nur von Seite der Schüler*innen und Eltern Anpassung erwartet, wird niemals Migrantenmilieus erreichen, die diese Anpassung von selbst (aus verschiedensten Gründen, s. Punkt 6) nicht leisten wollen oder können. Die IWS schafft es – durch Eigenengagement und hohen (pädagogischen) Einsatz – den „waldorffernen" Migrantenmilieus, zu denen bislang keinerlei Passung besteht, zu zeigen, wie man den Weg an eine Waldorfschule findet. Als These könnte man formulieren: Die IWS „erzieht" sowohl Schüler*innen als auch Elternhäuser durch ihre Leistungen zu der Fähigkeit, Waldorfschüler*in und -familie zu sein. Somit steht eine weitere Antwort auf die erste Forschungsfrage im Raum. In Bezug auf die zweite muss jedoch kritisch hinterfragt werden, ob diese Art der „Erziehung" bei allen Migrantenmilieus genauso funktionieren kann.

9.3 Kategorie „Bedingungen und Grenzen der Passung"

Darstellung: Der Experte führt aus, dass es durchaus ab einem bestimmten Punkt für die IWS nicht mehr möglich ist, Kinder zu bedienen bzw. zu erreichen. Es existiere folglich ein Rahmen, innerhalb dessen sich Schüler*innen befinden müssten. Innerhalb dieses Rahmens sei die Schule allerdings bereit sich anzupassen (s. Punkt 9.2):

> Aber wenn das in, in den Rahmen passt, wo wir uns vielleicht noch, noch bewegen müssen und, und neue Wege suchen müssen, ähm, aber trotzdem wir verantworten können, dann ist es, haben sie immer den Weg gefunden zu uns (Z. 484 – 487).

Der Experte illustriert diesen Rahmen näher, indem er zwei Vorbedingungen, die für die Aufnahme eines Kindes an der IWS erfüllt sein müssen, beschreibt. Erstens müsse die Schule von den Kapazitäten und Ressourcen her die Schüler*innen bedienen können. Bestimmte Extremfälle, z. B. Kinder mit Behinderungen, könnten an dieser Schule nicht beheimatet werden, da hierfür nicht genügend Ressourcen verfügbar seien (vgl. Z. 480 – 484). Zweitens werde ein unbedingter Wille der Schüler*innen zum Besuch der Schule vorausgesetzt. Die Schüler*innen müssten die Schule besuchen wollen, sich vom Konzept angesprochen fühlen und Engagement zeigen (vgl. Z. 478 – 480). Wenn Schüler*innen diesen Willen nicht besäßen, gelänge ihnen kein Zugang zur Schule (vgl. Z. 527 – 529). Als explizite Bedingung für die Aufnahme von Schüler*innen führt der Experte den Beziehungsaufbau an. Dieser sei den Lehrer*innen aber nicht zu verordnen. Wenn dieser gelinge, die Lehrkraft die Potenziale der Schüler*innen erkennen könne und eine persönliche Bindung zur Schüler*in herstellen könne, stünde dem Zugang zur Schule nichts im Wege (vgl. Z. 501 – 510). Wenn diese die Schüler*innen auf der Beziehungsebene nicht erreichten, könne das nicht geändert werden (vgl. Z. 524 – 526). Unter Vorlage einer Übersicht der oben eingeführten Migrantenmilieus (s. Anhang C) ordnet der Experte die überwiegende Elternschaft in den Milieus der traditionellen Arbeitermigranten und der aufgeklärten, nach Selbstverwirklichung strebenden Migrant*innen mit toleranten Grundhaltungen ein. Sehr wenige kämen aus dem entwurzelten Migrantenmilieu (vgl. Z. 887 – 891).

Interpretation: Im Jargon der obigen Theoretisierung gesprochen, umreißt der Experte, wie die Passung zwischen Schüler*in und Schule und somit zwischen Milieu und Institution gelingen kann und wo die Abstoßungslinien verlaufen, ab welchen die Passung schwieriger bzw. nicht mehr möglich wird. Für die gelingende Passung nennt er die obigen Bedingungen. Die Ressourcen der Schule bilden die erste Verlaufslinie der Abstoßung. Der unbedingte Wille, eine Waldorfschule zu besuchen, stellt die zweite Trennlinie dar. Der erfolgreiche Beziehungsaufbau als dritte Bedingung markiert eine weitere Abstoßungslinie. Es zeigt sich demnach, dass bestimmte Schüler*innen nicht erreicht werden können. Hierbei ist kritisch anzumerken, dass gerade diese Haltungen dem Ideal, eine Schule für alle Schüler*innen zu sein, widerspricht. Es findet offenkundig durchaus Selektion statt. Es können sich schlussendlich nicht alle Schüler*innen an der IWS wiederfinden. Sobald Schüler*innen nicht den intrinsischen Willen zum Besuch der Schule aufbringen, Ressourcen nicht vorhanden sind oder der Beziehungsaufbau unmöglich scheint, findet eine Abstoßung zwischen Institution und spezifischem Milieu statt. Auch wenn der Experte keine expliziten Migrantenmilieus nennt, bei denen zwischen Schule und Milieu eine Abstoßung wahrscheinlicher ist, ist es möglich, sich diesen indirekt über die spezifischen Milieueigenschaften zu nähern: Migrantenmilieus mit zum Beispiel hoher Aktivität in schulfremden Peers oder sehr großer familiärer Verwurzelung treten dem Waldorfschulleben vermutlich weniger willig gegenüber und Lehrer*innen werden den Beziehungsaufbau hierbei als unwahrscheinlicher ansehen. Auch wenn die IWS den Anspruch einer wirklichen Schule für alle Kinder aus allen Schichten hat, spiegelt sich in den Aussagen des Experten dennoch die gemeinhin geteilte Charakterisierung der Waldorfschulen als Institutionen mit „starke[r] habituelle[r] Selektivität" (Idel 2014, S. 304) wider. Dies bestätigt der Experte schließlich auch implizit mit seinen Aussagen zur Herkunft der schulischen Elternschaft. Seine Äußerungen unter Zuhilfenahme der vorgelegten Übersicht zeigen eindeutig, dass er die Elternschaft der Schule überwiegend im *Traditionellen Gastarbeitermilieu* und *Intellektuell-kosmopolitischen Milieu* verortet, wenige kommen aus dem *Statusorientierten* und *Entwurzelten Milieu*.[18] Zwar musste seine Einordnung sehr spontan erfolgen und ist demnach nicht repräsentativ. Jedoch ist diese sehr wohl verwertbar; gerade vor dem Hintergrund, dass Adam in ihrer (bereits erwähnten) aktuellen Untersuchung zu einem sehr ähnlichen Ergebnis kommt: Sie kann bestätigen, dass die Elternschaft der IWS Mannheim überwiegend aus dem *traditionellen Gastarbeitermilieu*, dem *intellektuell-kosmopolitischen* und den *aufstiegs- und statusorientierten Milieus* (vgl. Adam 2019, S. 71) kommt. Diese Ergebnisse sind differenziert zu bewerten. Einerseits unterscheidet sich die Eltern- und damit auch die Schülerschaft der IWS deutlich von der klassischen Waldorfschule. Schließlich erreicht sie vor allem mit dem *Gastarbeiter-* und (zum kleinen Teil) dem *Entwurzelten Milieu* auch solche Migrantenmilieus, bei welchen eine Passung zur Waldorfschule nur sehr schwer vorstellbar ist. Andererseits bestätigen sich auch theoretische Annahmen: Gerade die prekären Migrantenmilieus, darunter hauptsächlich das *Hedonistisch-subkulturelle Milieu*, sowie das *Religiös-verwurzelte Milieu*, werden – nach der aktuellen Datenlage – tendenziell nicht erreicht. Ein beträchtlicher Teil der Schülerschaft stammt hingegen aus dem *Intellektuell-kosmopolitischen* und dem *Statusorientierten Milieu*, welche in den mittleren und oberen gesellschaftlichen Schichten zu verorten sind (vgl. Merkle / Wippermann 2008, S. 58). Somit zeigt sich ein gemischtes Bild. Die IWS schafft es durchaus Migrantenmilieus zu erreichen, für die eine Passung schwer herzustellen ist. Sie leistet damit einen großen Beitrag zur Repräsentation von Migrant*innen an der Schulform der Waldorfschulen, die sonst nicht gewährleistet werden kann. Allerdings scheint sich

---

[18] Diese Einordnung basiert auf den in Z. 887 – 891 genannten Eigenschaften und der Zuordnung dieser zu den Migrantenmilieus in der Übersicht in Anhang C.

die Einschätzung, dass Migrant*innen an Waldorfschulen meist – wie ihre Schulkamerad*innen ohne Migrationshintergrund – aus den oberen Gesellschaftsschichten stammen, weiterhin zu bewahrheiten. Der zweiten Forschungsfrage muss nach diesen empirischen Ergebnissen folglich zumindest skeptisch begegnet werden. Es ist nicht ausgemacht, dass die IWS wirklich alle Migrantenmilieus und somit ihr Ziel einer Gemeinschaftsschule für alle Schichten erreicht.[19]

9.4 Kategorie „Maßnahmen zur Erreichung der Migrantenmilieus"

Darstellung: Der Experte skizziert eine Reihe konkreter Maßnahmen, die die IWS leistet, um Migrantenmilieus zu erreichen. Mit der geografischen Lage der Schule begründet der Experte die Möglichkeit, Zugang zu allen Milieus, auch den benachteiligten, zu erlangen (vgl. Z. 44 – 48). Die Gelegenheit, eine Waldorfschule zu besuchen, hänge unmittelbar mit dem materiellen Hintergrund der Eltern zusammen; nur wer das Schulgeld bezahlen könne, suche sich die Waldorfschule aus. Die Kinder an der IWS werden dagegen unabhängig davon aufgenommen, ob Eltern das Schulgeld bezahlen können (vgl. Z. 75 – 82). Weiterhin gelänge der IWS der Zugang zu Migrantenmilieus aus bildungsferneren Schichten, indem innerhalb der Migrantenmilieus durch Mundpropaganda weitergegeben werde, dass das Konzept der Schule für Kinder mit dem Herkunftshintergrund eine gute schulische Heimat gewesen sei (vgl. Z. 417 – 420). Auch das Werben in staatlichen Kindergärten (s. Punkt 9.2) sei eine gute und effektive Möglichkeit, Kinder aus Migrantenmilieus kennenzulernen, die besonders gut an die Schule passen würden: Jedes Jahr gäbe es eine Handvoll (sozial schwächer gestellte) Kinder, die an die Schule kämen (vgl. Z. 402 – 408). Der Zugang zu sehr traditionellen, religiösen und muslimischen Milieus setzt laut dem Experten eine große Offenheit voraus. Es müsse Zeit investiert werden, bei diesen Eltern Vertrauen aufzubauen. Erreicht werden könne diese Vertrauensbasis meist nicht nur durch Worte, sondern durch Handlungen und Taten, die ein ernsthaftes Interesse am gegenseitigen Kennenlernen, Akzeptieren und einem Miteinander signalisieren (vgl. auch 9.2):

---

[19] Allerdings wäre für ein belastbares Urteil zur zweiten Forschungsfrage eine umfangreiche empirische Untersuchung notwendig, die verlässlich aufzeigt, wie viele Eltern der IWS aus welchen Migrantenmilieus stammen.

> Es ist immer wichtig, meiner Erfahrung nach, ähm mit Respekt diesen Menschen zu
> begegnen, nicht zu verurteilen. Das passiert manchmal im Verborgenen auch bei ei-
> nem selbst, und man denkt: och (...) und das merken die Menschen, das ist (...) pas-
> siert vieles im Nonverbalen. [...] Vertrauen baut man nicht nur durch, durch Reden,
> durch das Gesprochene und Verstandene, sondern auch auf einer anderen Ebene (Z.
> 545 – 551).

Der Experte beschreibt die Sprachförderung, die an der IWS leidenschaftlich und sehr umfassend betrieben werde, als ein Aushängeschild, mit dem Migrantenmilieus erreicht werden. Es hapere bei Kindern mit Migrationshintergrund meist hauptsächlich an mangelnder sprachlicher Kompetenz, wodurch die schulische Laufbahn so schwer werde. Somit sei ein Konzept zur sprachlichen Förderung das Wichtigste, um diese Kinder (und deren Familien) zu erreichen, von der Schule zu überzeugen und anschließend auf ihrem Weg zu begleiten (vgl. Z. 431 – 456). Bei der Entwicklung solcher Konzepte für Schüler*innen aus bildungsfernen Migrantenmilieus wolle man nicht stehenbleiben. Aktuell ist man laut dem Experten bestrebt, eine intelligente didaktische Konzeption zur Rechenförderung zu entwickeln (vgl. Z. 806 – 814).

Interpretation: Es werden eine Reihe sehr engagierter und aufwendiger Maßnahmen durchgeführt, die dabei helfen, (sozial schwache) Migrantenmilieus zu erreichen und für die Schule zu interessieren. Erstens sorgt allein der geografische Schulort für eine Nähe zu den Migrantenmilieus, die die IWS erreichen möchte. Zweitens stellt die Schule keine materiellen Anforderungen (Schulgeld) und bietet somit einem sozial-schwachen Klientel eine Art Zugangshilfe. Weiterhin tritt die Schule engagiert nach außen auf (Werben in Kindergärten, daraus resultierende Mundpropaganda), um auf sich und ihr Konzept aufmerksam zu machen. Das aktive Zugehen auf die Eltern zeigt eine hohe Einsatzbereitschaft der Schule, um Kinder (und Familien) aus Migrantenmilieus für sich zu gewinnen. Sehr gewichtig sind die pädagogischen Initiativen der Sprach- und (zukünftig) der Rechenförderung einzuschätzen, welche als Alleinstellungmerkmal dienen und gerade Eltern aus Migrantenmilieus für die Schule begeistern könnten. Im Zuge dieser Ergebnisse wird auch eindeutig die obige These widerlegt, es läge alleine am Schulgeld, dass Migrant*innen an Waldorfschulen meist nicht beheimatet sind. Der Experte selbst sieht eine Schulgeldbefreiung nur als einen Baustein an, der dazu beiträgt, Migrantenmilieus für die Schule zu begeistern. Im Fokus steht für den Experten ganz offenkundig eine ganz spezielle Form der Akquisition neuer Schüler*innen mit Migrationshintergrund und deren Familien, welche nur durch das vielfältige

Engagement der Schule, welches sie sehr klar von den klassischen Waldorfschulen abhebt (s. auch Punkt 9.1), gelingen kann.

9.5 Zusammenfassung der Forschungsergebnisse

An der IWS in Mannheim zeigt sich das Bild einer Schule, welche sich mit großer Hingabe dem Ziel verschrieben hat, Migrantenmilieus, die sonst nicht an die Waldorfschule kommen, mit ihrer Idee, ihrem Konzept und ihrem Auftreten für ihre Schule zu begeistern. Die Auswertung des Experteninterviews ließ tiefergehende Einblicke in die Schulkultur der IWS zu, welche es – durch die Handlungen und Verfahrensweisen der schulischen Akteure – erst möglich macht, dass Migrantenmilieus erreicht werden können. Die Beurteilung, *wie* der IWS der Zugang und die Erreichung dieser Milieus gelingt, wird also im Anschluss an die empirische Auswertung dezidierter möglich. Die IWS positioniert sich im Vergleich zu den klassischen Waldorfschulen gänzlich anders in der Waldorfbewegung und sieht sich als den Idealtyp der Waldorfschulen, welche die Ziele der Gründungszeit wiederbelebt und umsetzt. Es wird von der IWS ein zur klassischen Waldorfschule differenter sekundärer Schülerhabitus eingefordert: Die IWS stellt zwar durchaus Loyalitäts- und Anpassungserwartungen an die Schüler*innen und deren Familien, ist sich aber dessen bewusst, dass man diese von Migrantenmilieus nur dann erwarten kann, wenn man sich vorher selbst auf andere Kulturen, familiäre Situationen und Interessenlagen zubewegt. Daraus resultiert ein sehr engagiertes und werbendes Auftreten und Wirken in die Migrantenmilieus hinein, das immerwährende Bestreben, Toleranz und Akzeptanz fremder Kulturen aktiv zu leben und zu vermitteln sowie eine am Kind orientierte Entwicklung pädagogischer Konzepte (z. B. Sprachförderung). Abschließend zeigt sich somit deutlich, dass es der IWS nur mit sehr viel Mühe und Hingabe gelingt, eine Passung zu den (waldorffernen) Migrantenmilieus herzustellen und zu halten. Dieses Engagement mündet in den beachtlichen Erfolg, dass viele Migrantenmilieus – sogar solche, für die eine Passungskonstellation besonders unwahrscheinlich anmutet – erreicht werden; was die IWS zurecht zufriedenstellen darf. Dennoch bestehen Grenzen der Passung, die dazu führen, dass – entgegen dem Anliegen der Schule – insbesondere sozial schlechter gestellte Migrantenmilieus an der IWS selten zu finden sind. Diese Grenzen verlaufen jedoch weniger eng als an klassischen Waldorfschulen.

10 Fazit und Forschungsausblick

Die Waldorfschulen stehen auch nach ihrem 100-jährigen Jubiläum vor großen Herausforderungen. Der an Waldorfschulen bislang weitgehend ungelösten Problemlage einer durch Migration und Globalisierung kulturell immer heterogener werdenden Gesellschaft wurde in den vergangenen zwanzig Jahren durch die Gründungen Interkultureller Waldorfschulen an verschiedenen Standorten in Deutschland begegnet; die erste in Mannheim war Forschungsgegenstand dieser Arbeit. Engagierte Waldorfpädagogen machten es sich zum Ziel, mit der interkulturellen Ausrichtung eine „gedankliche *Wiederbelebung der Ursprungssituation*" (Ullrich 2008, S. 103, Hervorh. im Orig.) zu vollziehen und versuchten mithilfe dieser Rückbesinnung, Antworten auf eine der drängenden Probleme der Gegenwart zu finden. Die Forschungsergebnisse dieser Arbeit können schlussendlich Heiner Ullrichs Charakterisierung der IWS in Mannheim unterstützen, wenn er feststellt:

> Die Interkulturelle Waldorfschule Mannheim ist also – wie die erste Waldorfschule in Stuttgart – eine Stadtteilschule für sozial und kulturell benachteiligte Kinder und Jugendliche. Man kann sie als eine neue und zugleich genuin reformpädagogische Antwort auf zentrale soziale Fragen der Gegenwart betrachten (Ullrich 2008, S. 103).

Dass es der IWS in Mannheim Neckarstadt-West, wie die Forschungsergebnisse bescheinigen, nicht gelingt, alle Migrantenmilieus gleichermaßen zu erreichen, ist zwar im Interesse der Sozialforschung ein wichtiger Befund, darf der Schule aber nicht im Sinne eines Vorwurfs zur Last gelegt werden. Im Rahmen ihrer (finanziellen) Möglichkeiten leistet die Schule einen nicht zu unterschätzenden Beitrag dazu, dass sich Waldorfschulen fortschrittlich und zukunftsorientiert entwickeln und es schaffen, ihr Gründungsideal der Einheitsschule für alle sozialen und kulturellen Gesellschaftsschichten wieder besser zu verwirklichen. Dass es dieser ihr nach ihrem bald 20-jährigen Bestehen stetig gelingt, Kinder aus vielen Migrantenmilieus zu beheimaten, ist eine durchaus bemerkenswerte Leistung. Dass auch an der IWS eine bemerkbare (soziale) Selektion stattfindet, ist schlussendlich auch der Tatsache geschuldet, dass diese an Privatschulen immer vorzufinden ist. Die IWS scheint diese Selektivität durch ihr hohes Engagement tendenziell gering halten zu können, was im Feld der privaten Waldorfschulen als klarer Zugewinn einzuordnen ist. Die IWS in Mannheim kann folglich nach wie vor als „Vorreite[r] unter den interkulturellen Reformschulen in Deutschland" (Óhidy 2018, S. 317) gesehen werden. Diese Vorreiterrolle hat sich inzwischen auf die gesamte Waldorfpädagogik ausgewirkt. Die Konzeption und Leistungen der verschiedenen Gründungsinitiativen für Interkulturelle Waldorfschulen in ganz Deutschland werden in der Waldorfbewegung honoriert und gewürdigt. Auch hat die Schulgründung der Mannheimer IWS die Debatte um die Thematik der interkulturellen Öffnung in der Waldorfbewegung vorangetrieben: Einige Waldorfschulen haben z. B. inzwischen „Willkommensklassen" für Geflüchtete eingerichtet oder geflüchtete Kinder direkt in die Klassen integriert. An der Alanus-Hochschule in Mannheim gibt es mittlerweile einen waldorfspezifischen Forschungsbereich, der sich mit dem Thema „Interkulturalität" auseinandersetzt (vgl. Adam 2019, S. 53). Darüber hinaus wird dieser Themenkomplex in aktuellen Publikationen tiefergehend zum Forschungsgegenstand gemacht (vgl. Adam / Schmelzer 2019a). Nichtsdestotrotz muss es das Ziel aller Waldorfschulen bleiben, die soziale Selektivität und Unterrepräsentation von Kindern aus (sozial schwachen) Migrantenmilieus zu thematisieren und sukzessive zu beheben. Dennoch ist es als Fazit durchaus plausibel und gerechtfertigt zu konstatieren, dass sich die Waldorfbewegung – nicht zuletzt durch den Impuls der IWS Mannheim – mehr und mehr auf den Weg der Reanimation ihrer Gründungsideale begibt und somit hinsichtlich ihrer interkulturellen Ausrichtung fortschrittlich-optimistisch in die Zukunft blicken kann.

Literaturverzeichnis

Adam, Christine (2019): Identitätsbildung im pädagogischen Kontext: Welche Erfahrungen machen Schüler*innen mit Migrationshintergrund an Waldorfschulen? Rekonstruktion narrativer Identität anhand lebensgeschichtlicher Interviews. In: Adam, Christine / Schmelzer, Albert (Hrsg.): Interkulturalität und Waldorfpädagogik. Weinheim / Basel: Beltz Juventa. S. 50 – 75.

Adam, Christine / Schmelzer, Albert (Hrsg.) (2019a): Interkulturalität und Waldorfpädagogik. Weinheim / Basel: Beltz Juventa.

Adam, Christine / Schmelzer, Albert (2019b): Einleitung in den Sammelband. In: Adam, Christine / Schmelzer, Albert (Hrsg.): Interkulturalität und Waldorfpädagogik. Weinheim / Basel: Beltz Juventa. S. 7 – 17.

Autorengruppe Bildungsberichterstattung (Hrsg.) (2018): Bildung in Deutschland 2018. Ein indikatorengestützter Bericht mit einer Analyse zu Wirkungen und Erträgen von Bildung. Bielefeld: wbv Media.

Barz, Heiner / Randoll, Dirk (Hrsg.) (2007a): Absolventen von Waldorfschulen. Eine empirische Studie zu Bildung und Lebensgestaltung. 2., durchgesehene Auflage. Wiesbaden: VS Verlag für Sozialwissenschaften.

Barz, Heiner / Randoll, Dirk (2007b): Einleitung: Intentionen und Hauptergebnisse der Untersuchung. In: Barz, Heiner / Randoll, Dirk (Hrsg.): Absolventen von Waldorfschulen. Eine empirische Studie zu Bildung und Lebensgestaltung. 2., durchgesehene Auflage. Wiesbaden: VS Verlag für Sozialwissenschaften. S. 13 – 23.

Barz, Heiner / Barth, Katrin / Cerci-Thomas, Meral / Dereköy, Zeynep / Först, Mareike / Le, Thi Thao / Mitchnik, Igor (2015): Große Vielfalt, weniger Chancen. Eine Studie über die Bildungserfahrungen und Bildungsziele von Menschen mit Migrationshintergrund in Deutschland. Essen / Düsseldorf: Stiftung Mercator und Vodafone Stiftung Deutschland.

Bonhoeffer, Anne / Brater, Michael / Hemmer-Schanze, Christiane (2007): Berufliche Entwicklungen ehemaliger Waldorfschüler. In: Barz, Heiner / Randoll, Dirk (Hrsg.): Absolventen von Waldorfschulen. Eine empirische Studie zu Bildung und Lebensgestaltung. 2., durchgesehene Auflage. Wiesbaden: VS Verlag für Sozialwissenschaften. S. 45 – 99.

Bourdieu, Pierre / Passeron, Jean-Claude (1973): Grundlagen einer Theorie der symbolischen Gewalt. Frankfurt am Main: Suhrkamp Verlag.

Bourdieu, Pierre / Passeron, Jean-Claude (1971): Die Illusion der Chancengleichheit. Untersuchungen zur Soziologie des Bildungswesens am Beispiel Frankreichs. Stuttgart: Ernst Klett Verlag.

Brater, Michael / Hemmer-Schanze, Christiane / Schmelzer, Albert (2009): Interkulturelle Waldorfschule. Evaluation zur schulischen Integration von Migrantenkindern. Wiesbaden: VS Verlag für Sozialwissenschaften.

Dresing, Thorsten / Pehl, Thorsten (2018): Praxisbuch Interview, Transkription & Analyse. Anleitungen und Regelsysteme für qualitativ Forschende. 8. Auflage. Marburg.

Esterl, Dietrich (2006): Die erste Waldorfschule Stuttgart-Uhlandshöhe. 1919 bis 2004. Daten – Dokumente – Bilder. Stuttgart: edition waldorf.

Flaig, Berthold Bodo / Schleer, Christoph (2018): Migrantische Lebenswelten in Deutschland. Update des Modells der Sinus-Migrantenmilieus®. In: Barth, Bertram / Flaig, Berthold Bodo / Schäuble, Norbert / Tautscher, Manfred (Hrsg.): Praxis der Sinus-Milieus®. Gegenwart und Zukunft eines modernen Gesellschafts- und Zielgruppenmodells. Wiesbaden: VS Verlag für Sozialwissenschaften. S. 113 – 123.

Freunde der Erziehungskunst Rudolf Steiners e. V. (2019): Waldorf World List. Adressverzeichnis der Waldorfschulen, Waldorfkindergärten und Ausbildungsstätten weltweit. URL: https://www.freunde-waldorf.de/fileadmin/user_upload/images/

Waldorf_World_List/Waldorf_World_List.pdf (22.08.2019).

Frielingsdorf, Volker (2019): Geschichte der Waldorfpädagogik. Von ihrem Ursprung bis zur Gegenwart. Weinheim / Basel: Beltz Juventa.

Gomolla, Mechthild (2015): Institutionelle Diskriminierung im Bildungs- und Erziehungssystem. In: Leiprecht, Rudolf / Steinbach, Anja (Hrsg.): Schule in der Migrationsgesellschaft. Ein Handbuch. Band 1: Grundlagen – Diversität – Fachdidaktiken. Schwalbach / Ts.: Debus Pädagogik Verlag. S. 193 – 219.

Helsper, Werner (2009): Schulkultur und Milieu – Schulen als symbolische Ordnung pädagogischen Sinns. In: Melzer, Wolfgang / Tippelt, Rudolf (Hrsg.): Kulturen der Bildung. Beiträge zum 21. Kongress der Deutschen Gesellschaft für Erziehungswissenschaften. Opladen: Verlag Barbara Budrich. S. 155 – 176.

Helsper, Werner (2008): Schulkulturen – die Schule als symbolische Sinnordnung. In: Zeitschrift für Pädagogik 54, Heft 1. S. 63 – 80.

Helsper, Werner (2006): Elite und Bildung im Schulsystem – Schulen als Institutionen-Milieu- Komplexe in der ausdifferenzierten höheren Bildungslandschaft. In: Ecarius, Jutta / Wigger, Lothar (Hrsg.): Elitebildung – Bildungselite. Erziehungswissenschaftliche Diskussionen und Befunde über Bildung und soziale Ungleichheit. Opladen: Verlag Barbara Budrich. S. 162 – 187.

Helsper, Werner / Hummrich, Merle (2008): Familien. In: Coelen, Thomas / Otto, Hans-Uwe (Hrsg.): Grundbegriffe Ganztagsbildung. Das Handbuch. Wiesbaden: VS Verlag für Sozialwissenschaften. S. 371 – 381.

Helsper, Werner / Kramer, Rolf-Torsten / Hummrich, Merle / Busse, Susann (2009): Jugend zwischen Familie und Schule. Eine Studie zu pädagogischen Generationsbeziehungen. Wiesbaden: VS Verlag für Sozialwissenschaften.

Helsper, Werner / Ullrich, Heiner / Stelmaszyk, Bernhard / Höblich, Davina / Graßhoff, Gunther / Jung, Dana (2007): Autorität und Schule. Die empirische Rekonstruktion der Klassenlehrer-Schüler-Beziehung an Waldorfschulen. Wiesbaden: VS Verlag für Sozialwissenschaften.

Höhne, Thomas (2013): Der Habitusbegriff in Erziehungswissenschaft und Bildungsforschung. In: Lenger, Alexander / Schneickert, Christian / Schumacher, Florian (Hrsg.): Pierre Bourdieus Konzeption des Habitus. Grundlagen, Zugänge, Forschungsperspektiven. Wiesbaden: VS Verlag für Sozialwissenschaften. S. 261 – 284.

Hummrich, Merle / Kramer, Rolf-Torsten (2017): Schulische Sozialisation. Wiesbaden: VS Verlag für Sozialwissenschaften.

Hüttig, Albrecht (2016): Soziale Chancengleichheit – Realität oder Ideologie? In: Bund der Freien Waldorfschulen (Hrsg.): Jahresbericht 2016. Stuttgart. S. 20 – 21.

Idel, Till-Sebastian (2014): Der Waldorfschülerhabitus – Kulturelle Passungen im Feld reformpädagogischer Privatschulen am Beispiel der anthroposophischen Schulkultur. In: Helsper, Werner / Kramer, Rolf-Torsten / Thiersch, Sven (Hrsg.): Schülerhabitus. Theoretische und empirische Analysen zum Bourdieuschen Theorem der kulturellen Passung. Wiesbaden: VS Verlag für Sozialwissenschaften. S. 293 – 306.

Idel, Till-Sebastian (2007): Waldorfschule und Schülerbiographie. Fallrekonstruktionen zur lebensgeschichtlichen Relevanz anthroposophischer Schulkultur. Wiesbaden: VS Verlag für Sozialwissenschaften.

Idel, Till-Sebastian (2002): Max – Matrose auf dem Klassenschiff. Eine hermeneutisch-rekonstruktive Interpretation eines Waldorfschulzeugnisses. In: Hansen-Scharberg, Inge / Schonig, Bruno (Hrsg.): Basiswissen Pädagogik. Reformpädagogische Schulkonzepte. Band 6. Waldorf-Pädagogik. Baltmannsweiler: Schneider Verlag Hohengehren. S. 216 – 233.

Koolmann, Steffen (2018): Sozioökonomisches Elternprofil. In: Koolmann, Steffen / Petersen, Lars / Ehrler, Petra (Hrsg.): Waldorf-Eltern in Deutschland. Status, Motive, Einstellungen, Zukunftsideen. Weinheim / Basel: Beltz Juventa. S. 49 – 62.

Koolmann, Steffen / Ehrler, Petra (2018): Waldorf-Eltern im Fokus. In: Koolmann, Steffen / Petersen, Lars / Ehrler, Petra (Hrsg.): Waldorf-Eltern in Deutschland. Status, Motive, Einstellungen, Zukunftsideen. Weinheim / Basel: Beltz Juventa. S. 17 – 28.

Koolmann, Steffen / Petersen, Lars / Ehrler, Petra (Hrsg.) (2018): Waldorf-Eltern in Deutschland. Status, Motive, Einstellungen, Zukunftsideen. Weinheim / Basel: Beltz Juventa.

Kramer, Rolf-Torsten (2017): „Habitus" und „kulturelle Passung". Bourdieusche Perspektiven für die ungleichheitsbezogene Bildungsforschung. In: Rieger-Ladich, Markus / Grabau, Christian (Hrsg.): Pierre Bourdieu: Pädagogische Lektüren. Wiesbaden: VS Verlag für Sozialwissenschaften. S. 183 – 205.

Kramer, Rolf-Torsten (2014): Kulturelle Passung und Schülerhabitus – Zur Bedeutung der Schule für Transformationsprozesse des Habitus. In: Helsper, Werner / Kramer, Rolf-Torsten / Thiersch, Sven (Hrsg.): Schülerhabitus. Theoretische und empirische Analysen zum Bourdieuschen Theorem der kulturellen Passung. Wiesbaden: VS Verlag für Sozialwissenschaften. S. 183 – 202.

Kramer, Rolf-Torsten / Helsper, Werner (2010): Kulturelle Passung und Bildungsungleichheit – Potenziale einer an Bourdieu orientierten Analyse der Bildungsungleichheit. In: Krüger, Heinz-Hermann / Rabe-Kleberg, Ursula / Kramer, Rolf-Torsten / Budde, Jürgen (Hrsg.): Bildungsungleichheit revisited. Bildung und soziale Ungleichheit vom Kindergarten bis zur Hochschule. Wiesbaden: VS Verlag für Sozialwissenschaften. S. 103 – 125.

Kugler, Walter (1978): Rudolf Steiner und die Anthroposophie. Wege zu einem neuen Menschenbild. Köln: DuMont Buchverlag.

Leber, Stefan (2011): Historische und gesellschaftliche Zusammenhänge der Waldorfschulen. In: Loebell, Peter (Hrsg.): Waldorfschule heute. Eine Einführung. Stuttgart: Verlag Freies Geistesleben. S. 36 – 68.

Liebenwein, Sylva / Barz, Heiner / Randoll, Dirk (2012): Bildungserfahrungen an Waldorfschulen. Empirische Studie zu Schulqualität und Lernerfahrungen. Wiesbaden: VS Verlag für Sozialwissenschaften.

Mayring, Philipp (2015): Qualitative Inhaltsanalyse. Grundlagen und Techniken. 12., überarbeitete Auflage. Weinheim / Basel: Beltz Verlag.

Merkle, Tanja / Wippermann, Carsten (2008): Eltern unter Druck. Selbstverständnisse, Befindlichkeiten und Bedürfnisse von Eltern in verschiedenen Lebenswelten. Eine sozialwissenschaftliche Untersuchung von Sinus Sociovision GmbH im Auftrag der Konrad-Adenauer Stifung e.V. Stuttgart: Lucius & Lucius Verlagsgesellschaft.

Meuser, Michael / Nagel, Ulrike (2010): Experteninterviews – wissenssoziologische Voraussetzungen und methodische Durchführung. In: Friebertshäuser, Barbara / Langer, Antje / Prengel, Annedore (Hrsg.): Handbuch Qualitative Forschungsmethoden in der Erziehungswissenschaft. 3., vollständig überarbeitete Auflage. Weinheim / München: Juventa Verlag. S. 457 – 471.

Meuser, Michael / Nagel, Ulrike (1991): ExpertInneninterviews – vielfach erprobt, wenig bedacht. Ein Beitrag zur qualitativen Methodendiskussion. In: Garz, Detlef / Kraimer, Klaus (Hrsg.): Qualitativ-empirische Sozialforschung. Konzepte, Methoden, Analysen. Opladen: Westdeutscher Verlag. S. 441 – 471.

Óhidy, Andrea (2018): Interkulturelle Reformschulen. Interkulturelle Waldorfschule Mannheim, Quinoa-Schule Berlin. In: Barz, Heiner (Hrsg.): Handbuch Bildungsreform und Reformpädagogik. Wiesbaden: VS Verlag für Sozialwissenschaften. S. 315 – 324.

Randoll, Dirk (2010): Empirische Forschung und Waldorfpädagogik. In: Paschen, Harm (Hrsg.): Erziehungswissenschaftliche Zugänge zur Waldorfpädagogik. Wiesbaden: VS Verlag für Sozialwissenschaften. S. 127 – 156.

Randoll, Dirk (2007): Eckdaten der Fragebogenerhebung. In: Barz, Heiner / Randoll, Dirk (Hrsg.): Absolventen von Waldorfschulen. Eine empirische Studie zu Bildung und Lebensgestaltung. 2., durchgesehene Auflage. Wiesbaden: VS Verlag für Sozialwissenschaften. S. 33 – 43.

Schmelzer, Albert (2019): Waldorfpädagogik in der Migrationsgesellschaft. Wie kann die Bildungsbenachteiligung von Kindern und Jugendlichen mit Migrationshintergrund überwunden werden? In: Adam, Christine / Schmelzer, Albert (Hrsg.): Interkulturalität und Waldorfpädagogik. Weinheim / Basel: Beltz Juventa. S. 19 – 49.

Schmelzer, Albert (2016): Interkulturelle Pädagogik und Waldorfpädagogik – eine anregende Begegnung. In: Schieren, Jost (Hrsg.): Handbuch Waldorfpädagogik und Erziehungswissenschaft. Standortbestimmung und Entwicklungsperspektiven. Weinheim / Basel: Beltz Juventa. S. 890 – 906.

Schneider, Peter (2006): Ursprung und Ziel der Waldorfschule: Eine notwendige Besinnung. In: Bauer, Horst Philipp / Schneider, Peter (Hrsg.): Waldorfpädagogik. Perspektiven eines wissenschaftlichen Dialoges. Frankfurt am Main: Peter Lang. S. 105 – 128.

Statistisches Bundesamt (Destatis) (Hrsg.) (2018a): Bevölkerung und Erwerbstätigkeit. Bevölkerung mit Migrationshintergrund – Ergebnisse des Mikrozensus 2017. Fachserie 1. Reihe 2.2. Wiesbaden.

Statistisches Bundesamt (Destatis) (Hrsg.) (2018b): Bildung und Kultur. Allgemeinbildende Schulen. Fachserie 11. Reihe 1. Wiesbaden.

Ullrich, Heiner (2015a): Waldorfpädagogik. Eine kritische Einführung. Weinheim / Basel: Beltz Verlag.

Ullrich, Heiner (2015b): Eltern beim Übergang in reformpädagogische Schulkulturen. Bildungsorientierungen der Eltern und Selbstverständnis der Professionellen an reformpädagogischen Schulen. In: Böhme, Jeanette / Hummrich, Merle / Kramer, Rolf-Torsten (Hrsg.): Schulkultur. Theoriebildung im Diskurs. Wiesbaden: VS Verlag für Sozialwissenschaften. S. 263 – 284.

Ullrich, Heiner (2012): Freie Waldorfschulen. In: Ullrich, Heiner / Strunck, Susanne: Private Schulen in Deutschland. Entwicklungen – Profile – Kontroversen. Wiesbaden: VS Verlag für Sozialwissenschaften. S. 61 – 77.

Ullrich, Heiner (2011): Rudolf Steiner. Leben und Lehre. München: Verlag C. H. Beck.

Ullrich, Heiner (2008): Ursprünglich für die Schwachen. Die Schulen der klassischen Reformpädagogik – was sie waren und was aus ihnen geworden ist. In: Lohfeld, Wiebke (Hrsg.): Gute Schulen in schlechter Gesellschaft. Wiesbaden: VS Verlag für Sozialwissenschaften. S. 79 – 107.

Ullrich, Heiner (2003): Rudolf Steiner. In: Tenorth, Heinz-Elmar (Hrsg.): Klassiker der Pädagogik. Zweiter Band. Von John Dewey bis Paulo Freire. München: Verlag C. H. Beck. S. 61 – 73.

Ullrich, Heiner (2002): Reformpädagogische Schulkultur mit weltanschaulicher Prägung – Pädagogische Prinzipien und Formen der Waldorfschule. In: Hansen-Scharberg, Inge / Schonig, Bruno (Hrsg.): Basiswissen Pädagogik. Reformpädagogische Schulkonzepte. Band 6. Waldorf-Pädagogik. Baltmannsweiler: Schneider Verlag Hohengehren. S. 142 – 180.

vhw-Bundesverband für Wohnen und Stadtentwicklung e. V. (vhw) (Hrsg.) (2009): Migranten-Milieus. Ein Kompass für die Stadtgesellschaft. Dem Leitbild Bürgergesellschaft verpflichtet. vhw –Schriftenreihe 1. Berlin.